JN441422

바른북스 출판사,
실전출판 안내서

바른북스 출판사,

실전출판 안내서

개정판 1쇄 발행 2026. 1. 1.

지은이 바른북스
펴낸이 김병호
펴낸곳 주식회사 바른북스 편집부

편 집 김재영, 황금주, 김수정, 임현정, 이지인
디자인 양헌경, 김민지, 김효나, 최다빈, 심연보
마케팅 송송이, 박수진, 박하연
물 류 송봉진
관 리 송세영

등 록 2019년 4월 3일 제2019-000040호
주 소 서울시 성동구 연무장5길 9-16, 606호 (성수동2가, 블루스톤타워)
전 화 070-7857-9719 | **경영지원** 02-3409-9719 | **팩스** 070-7610-9820

•바른북스는 여러분의 다양한 아이디어와 원고 투고를 설레는 마음으로 기다리고 있습니다.

자비출판 투고 barunbooks21@naver.com
홈페이지 www.barunbooks.com | **유튜브** https://www.youtube.com/@Youtube_brTV
인스타그램 https://www.instagram.com/barunbooks7/ | **X(트위터)** https://x.com/barunbooks7
페이스북 facebook.com/barunbooks7 | **틱톡** https://www.tiktok.com/@barunbooks7

ISBN 979-11-7263-753-8 13320

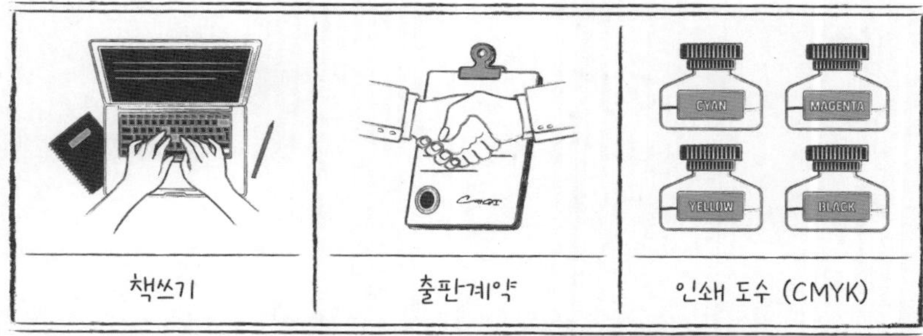

바른북스 : 실전출판 안내서

"지금 내게 필요한 출판 정보 핵심 매뉴얼"

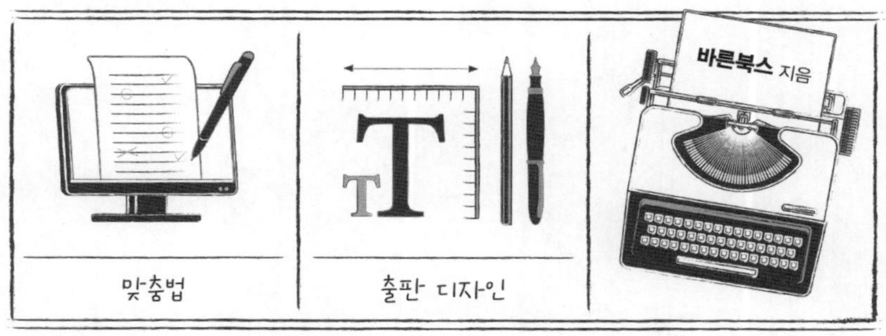

책쓰기부터 원고투고,
자비출판비용, 도서출판, 기획출판까지

출판계약 | 교정 · 교열 | 디자인 | 마케팅

책쓰기에 첫발을 내디딘
당신에게

누구나 자신의 내면을 표출하고 싶어 한다. 글, 그림, 사진, 노래, 영상……. 이 책을 펼쳐 든 당신이라면, 아마 글로 이야기하는 사람이 아닐까. 다만, 글쓰기가 '마음'으로만 되는 일이라면, 책쓰기는 '행동'으로 행하는 일이다. 무언가를 만들고자 하는 마음을 가지는 건 쉽지만, 막상 행동하기란 쉽지 않다. 책을 쓰는 것도 마찬가지다. 글을 쓰기 전 구상했던 내용은 왜 그대로 나타나지 않는지, 글을 쓰는 중에도 내가 가는 길이 맞는지 의문이 들기도 한다. 어떤 확신도 없이 혼자 해내기란 빛이 없는 동굴을 헤매는 것과 같다. 동굴을 빠져나온 후에도 제대로 된 길이 맞는지 혼란스러움이 찾아오기도 할 것이다. 이런 어려움이 생기는 이유는 책쓰기에 정해진 정답이 없기 때문이다.

실제로, 출판사에서 일하다 보면 작가들의 고충이 그대로 느껴지는 메일들을 자주 받는다. "많이 부족한 원고라 걱정됩니다." "제 글이 이상하지는 않은가요?" "이 원고로 출판할 수 있을까요?" 이런 걱정을 들을 때마다 안타까운 마음이 드는 한편, 그들에게 조금이라도 도움이 되는 가이드라인을 제시해 주고 싶었다. 그리고 말해 주고 싶었다. 쓸모없는 원고는 없다고. 단지 덜 다듬어졌을 뿐이라고. 그리고 출판에 대해 잘 모르기 때문에 확신이 없는 것뿐이라고…….

당연히 처음 시작하는 일에는 가이드라인이 필요하다. 누구나 자신이 가고 있는 길이 옳다는 확신을 가지고 싶어 한다. 그래서 바른북스 출판사의 임직원들이 당신이 걸어야 할 길을 미리 체험해 보기로 했다. 물론 책을 직접 집필해 보는 것은 처음이었고 그 길은 꽤나 고단했다. 누군가에게 가이드라인을 제시한다는 것은 생각보다 쉬운 일이 아니었다. 출판분야에 대한 지식이 없는 것도 아닌데 말이다. 구성이 체계적인지, 글의 어투는 괜찮은지, 부족한 내용은 없는지 몇 번이나 스스로에게 물음을 던지고 내부 회의도 수차례 거쳐야 했다. 사무실에 앉아서 작가의 원고를 볼 때보다 고민할 게 많았다. 책 한 권의 원고를 혼자 채워야 하는 작가의 고뇌를 이전보다 더 잘 이해할 수 있게 되었다.

《바른북스 출판사, 실전출판 안내서》는 출판사와 작가 사이 그 어딘가에서 고군분투하고 있는 편집자들이 만들었다. 그 누구보다 출판사의 생각을 잘 파악하고, 작가의 마음을 이해해야 하는 직업으로서 부족하지만 한 자 한 자 써 내려간 결과물이다. 책을 쓰고 싶다는 막연한 꿈을 품고 있는 분들에게는 작가의 길로 가는 지침서가, 이미 원고를 쓰고 있는 분들에게는 완성도 있는 출간을 위한 이정표가 되길 바란다.

항상 격려하고 기회를 주시며 저자분의 원고를 소중히 다루라고 조언해 주시는 대표님, 무엇 하나 놓치지 않고 꼼꼼하게 체크해 주시는 이사님, 서점을 발로 뛰며 신간을 홍보하는 마케팅팀, 감각적인 디자인으로 책의 퀄리티를 높여 주는 북 디자인팀에게 감사의 인사를 드린다. 그리고 마지막으로 이 책을 펼친 당신에게 고마움을 전한다.

언젠가 우리가 작가와 편집자로 만나는
그날이 오기를 기대한다.

언제나 당신의 원고를 기다리는
바른북스 기획편집팀

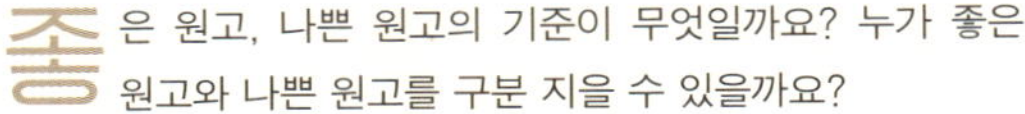

좋은 원고, 나쁜 원고의 기준이 무엇일까요? 누가 좋은 원고와 나쁜 원고를 구분 지을 수 있을까요?

무엇을 글로 쓸지 원고를 준비하는 저자분들의 마음, 원고를 써 내려가며 이게 맞는지 방향성을 고민하는 마음, 원고가 완성되어 잘 다듬어진 옷을 입혀 줄 출판사를 선택하는 마음, 그 마음들 하나하나가 그 자체로 너무나 힘들고 큰 고민이었으리라 생각합니다. 그래서 우선 한마디의 말을 드리고자 합니다.

"저자님 그동안 고생하셨습니다."

원고를 위해 공들인 시간과 정성을 알기에 신뢰를 바탕으로 아마추어가 아닌 프로답게 일하며, 정성으로 저자분들을 맞이하겠습니다. 또 누군가의 서재에 소중하게 자리하는 책을 만드는 준비된 출판사로 거듭나겠습니다.

3천여 명 이상의 저자님과 인연을 나누고 다양한 분야의 책을 출판하며 얻은 노하우는 바른북스의 기둥이 되어 출판의 미래를 함께하고 있습니다. 늘 새로운 시각으로 트렌드를 살피며, 쌓아 온 추억과 경험을 견고하게 다져 올리며 저자님의 원고를 기다리고 있습니다. 꺼지지 않는 출판에 대한 열정은 열과 성으로 피어난 원고가 힘껏 만개해 '여러 번 펼쳐 보고 싶게 만드는 힘이 있는 책'으로 탄생할 수 있도록 온 힘을 다하는 중입니다.

2026년 1월 성수동 본사 사무실에서 **김병호**

BASIC

출판사 바른북스

"기본(원칙)을 지켜라."
"저자분을 맞이할 때 준비된 편집인이 되어라."
"쉽게 하지 말고, 어렵게 하라."
"신뢰를 바탕으로 전문성을 겸비하라."

저희 임직원들에게 항시 강조하고 있는 말입니다. 질리도록 들어도 또 말해야 하는 말들입니다. 이번 책을 쓰는 동안 우리 임직원들은 '저자님의 마음을 알아야 한 단계 더 성장할 수 있다'라는 생각을 갖고 《바른북스 출판사, 실전출판 안내서》를 집필했습니다. 저자님의 노력을 다시 한번 되새기는 계기가 되어 참 좋았고 뿌듯하였습니다.

기획편집팀, 북 디자인팀, 마케팅팀, 경영지원팀, 물류팀 등 모든 임직원들에게 이 자리를 빌려 감사의 마음을 전합니다. 또한 바른북스와 소중한 인연이 되어 주신 저자님들에게 감사의 말씀을 드립니다.

HONESTY
TRUST
CREATIVE

이왕 쓰는 책, 이왕 내는 책이라면

글이 책이 되는 순간, 그 시작을 프로답게

많은 자비출판사 중 왜 '바른북스'인가?

3년 전 1,000여 종의 도서를 출간했던 출판사가 어느덧 2,700종 이상을 출간한 중견 자비출판사가 되었다. 쌓인 경험을 바탕으로 한길만을 뚝심 있게 걸어온 결과다. 다양한 분야의 도서를 제작하며 작가, 독자, 동종업계 종사자의 수많은 피드백을 받아왔다. 그들의 칭찬과 조언이 피와 살이 되어 현재의 바른북스를 만들었다고 해도 무방하다.

"분야를 넘나들며 꾸준히 책을 출간하는 곳, 세종도서·문학나눔 등 국가 주요 도서 사업에 꾸준히 선정되는 곳, 출판기념회부터 국내외 도서전까지 다양한 행사에 참여하며 발로 뛰는 곳", 바른북스를 소개하는 키워드다. 특히 2024년은 자비출판사로선 이례적으로 서울국제도서전에 참가해 성황리에 부스를 운영하며 출판인들에게 눈도장을 찍었다. 더군다나 2024년 1월에 출간한 백은별 작가의 《시한부》는 무려 20주 연속 교보문고 주간 베스트셀러 1위에 올랐다. 이후 《시한부》는 현재까지(2026년 1월 기준) 20만 부가 누적 제작되었다. 해당 도서는 현재까지도 많은 사랑을 받으며 온·오프라인 서점 매대를 채우고 있다.

가히 '도서의 홍수 시대'라고 할 만한 요즘이다. 단기간에 이렇게 수많은 도서가 쏟아지듯 출간되는데, 그럼에도 바른북스의 도서는 여전히 놀라운 판매량을 보여 준다. 짧은 시간 동안 바른북스가 이렇게 성장한 이유는 무엇일까? 바로 기초가 탄탄하기 때문이다. 정직과 신뢰, 창의라는 경영이념을 바탕으로 사상누각을 경계하고 기본부터 쌓아 왔다. 낙숫물 한 방울이 결국 바위를 뚫듯, '한 끗 차이'로 도서의 존재감을 돋보이게 하며 꾸준히 주목받는 자비출판사, 바른북스가 이뤄 온 소중한 성과들을 간략히 살펴보고자 한다. 자세한 사항들은 부록에서 만나 보자.

바른북스는 국가가 주관하는 문학나눔과 세종도서 사업에 현재(2025년)까지 총 23권의 도서가 선정되었다. 뿐만 아니라, 출판기념회, 북콘서트 등의 행사로 독자와 만남이 활발히 이루어질 수 있도록 힘쓰고 있다. 더불어 바른북스는 국내에만 그치지 않고 해외 출판사와 판권 계약을 체결해 글로벌 출판계에 국내 도서를 널리 알리고자 했다.

신뢰와 확장을 이어 가는 출판사, 바른북스

이처럼 바른북스는 다양한 행사 참여를 통해 책의 가치를 독자들에게 직접 전했다. 판권 수출입 또한 활발히 진행하며 '한국의 책'이라는 콘텐츠가 가진 힘을 전 세계로 전파하는 중이다. 무엇보다 여러 공공기관과 문화재단으로부터 신뢰를 받아 각종 도서 기획·출판 사업에 선정되며 자비출판사로는 이례적으로 전문성과 기획력을 인정받았다는 점에서 바른북스가 가진 힘을 느낄 수 있을 것이다. 현재까지도 단순한 책 생산자가 아니라, 양질의 도서를 제작하고 알리는 역할을 충실히 하고 있다.

바른북스는 앞으로도 작가와 독자, 그리고 시대와 함께 호흡하며 책이 만들어 내는 공감과 연결의 힘을 확장해 나갈 생각이다. 책과 함께, 사람과 함께, 세상과 함께하며 '최선의 출판사가 되자'는 이념을 토대로 지금처럼 진심을 다해 좋은 책을 만들 것이다. 더 많은 작가들과 만나고 더 많은 이야기를 세상에 전할 수 있도록 언제나 열린 마음으로 새로운 원고와 가능성을 기다리고 있겠다.

바른북스 도서사업 선정작

문학나눔 & 세종도서 & 우수과학도서 & 진중문고 & 청소년 교양도서

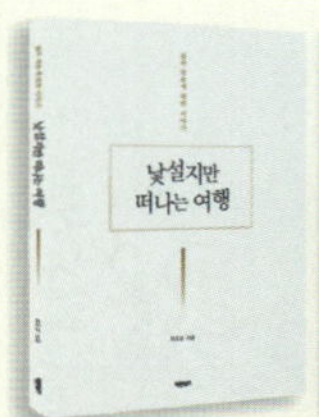

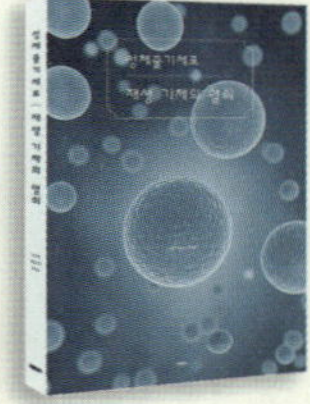

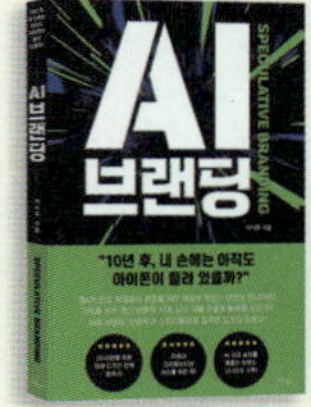

목차

3장

글, 어떻게 써야 할까

4장

책, 어떻게 만들어야 할까

5장

맞춤법, 무엇이 틀렸을까

6장

계약서와 저작권, 알고 쓰자

7장

마케팅, 다양한 방향으로 탐색하라

부록

1장

출판,
이정표부터
세워 보자!

어떤 출판사를 선택해야 할까?

우리가 일반적으로 생각하는 좋은 출판사란 무엇일까? 바로 떠올릴 만큼 다양하고 유명한 출판사가 여럿 있을 것이다. 그중에서도 작가로서 출판사를 선택해야 한다면 무엇보다 내 원고를 잘 파악하고 장점을 극대화하여 최고의 결과물로 만들어 주는 곳을 골라야 한다.

2025년 기준 문화체육관광부에 신고된 출판사업체는 총 151,510개로, 이 중 출판 관련 매출 실적이 있는 출판사업체는 3,400개가 넘는다. 대한출판협회에 가입된 회원사 수만 해도 700여 개 이상이다. 대한민국에 있는 수많은 출판사 가운데에서 내 원고와 꼭 맞는 출판사를 찾기란 사막에서 바늘 찾기와도 같은 일이다. 그렇다면 나와 맞는 출판사를 찾기 위해 알아야 할 최소한의 가이드라인에는 무엇이 있을까?

나와 맞는 출판사를 선택하는 방법

문학부터 인문, 경제경영, 여행, 실용, 교재까지……. 다양한 작가들이 각각의 개성을 담은 원고를 쓰는 만큼 출판사마다 특색과 장점도 다 다르다. 출판 시장은 어려워진 지 오래인데 도대체 출판사는 왜 이리 많은지. 다양한 출판사 중에서 작가에게 딱 맞는 출판사를 찾기란 어려운 일이다. 특히 이제 막 출판계에 발을 디딘 초보 작가에게는 더더욱. 그렇다면 이제부터 실패하지 않는 원고 선택 방법에 대하여 알아보도록 하자.

첫째, 출판사마다 주력하는 분야를 찾아보자. 인터넷 서점이나 출판사 홈페이지를 통해 그동안 출간해 온 도서 목록을 쭉 훑어보면 이 출판사가 어떤 분야의 책을 주력으로 출간하는지 금방 파악할 수 있다. 생각해 보자, 예를 들어 《365가지 베이킹 방법》이라는 제목을 가진 취미·실용서의 원고를 기독교 출판사에 투고한다면? 아마 출판사에서는 원고 파일을 열어 보지도 않고 반려 메일을 보낼 가능성이 크다.

둘째, 내 원고의 특성을 분석해서 선택하자. 각각의 출판사는 분야뿐만 아니라 가지고 있는 특색 또한 다양하다. 전문적인 내용이 주를 이루는 전문서적이나 작가의 개성이 뚜렷이 드러나는 문학작품의 경우, 도서 제작 과정에서 저자의 의견이 많이 반영되는 출판사를 찾아야 한다. SNS에서 유명하거나 젊은 층이 좋아할 만한 원고가 준비되어 있다면 SNS 마케팅을 잘하는 출판사에 원고를 투고하는 것이 좋다. 효과적인 마케팅으로 당신의 책이 더욱 빛날 수 있을 것이다. 이처럼 나와 잘 맞는 출판사를 찾기 위해서는 우선 내 원고의 장단점을 알아야 한다. 객관적인 시각으로 내 원고를 분석한 뒤 똑똑하게 투고한다면 시간을 효과적으로 절약할 수 있다.

내 책이 얼마나 팔렸는지 자세히 확인할 수 있을까?

저자 인세는 어떻게 지급될까? 보통 저자 인세는 '도서출고'를 기준으로 하는 방식이 있고, '도서판매'를 기준으로 하는 방식이 있다. 대개 '출고된 도서는 어차피 판매할 거니까 어떻게 지급하든 똑같은 거 아니야?'라고 생각하겠지만, 이는 엄연히 잘못된 생각이다. 결론부터 말하자면 **'도서판매'를 기준으로 하는 출판사**를 찾아야 한다.

몇몇 출판사들은 '도서출고'를 기준으로 인세를 지급한다. 서점에서 도서를 주문하면 출판사가 그 출고 부수 기준으로 저자에게 인세를 지급한다는 의미다. 언뜻 보기엔 문제가 없어 보이지만 여기에는 숨겨진 문제점이 있다.

일부 출판사는 이때 처음 출고되는 부수를 제외하고, 그다음 출고부터 계산하여 저자 인세를 지급한다. 판매량을 예측할 수 없다는 이유다. 그러므로 처음 출고되는 부수의 저자 인세는 계약이 끝난 뒤에야 받을 수 있게 된다. 그래서 출고 부수와 판매 부수의 차이로 생각했던 인세보다 적어 의문을 가지고 문의할 일이 생기게 될 수도 있다.

때문에 내가 선택한 출판사가 '도서판매'를 기준으로 인세를 지급하고 있는지 필히 확인해야 한다. 도서판매도 충분히 데이터 분석이 가능하다. 그럼에도 저자 인세를 도서출고 기준으로 지급하는 이유는 도서판매현황을 하나하나 등록하고 관리하는 것이 힘들기 때문이다. 도서판매 시스템을 체계적으로 관리하고 투명하게 공개하는 출판사를 찾아야 한다. 누구라도 내 책이 언제, 어느 지점에서 몇 권이나 판매되었는지 정확히 알고 싶을 것이다.

이외에 출판사 선택 시 고려해야 할 점은 다음과 같다.

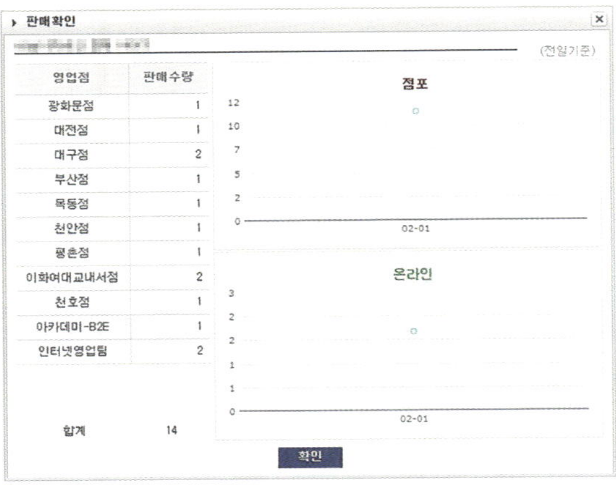

판매확인

(전일기준)

영업점	판매수량
광화문점	1
대전점	1
대구점	2
부산점	1
목동점	1
천안점	1
평촌점	1
이화여대교내서점	2
천호점	1
아카데미-B2E	1
인터넷영업팀	2
합계	14

- 디자인 및 교정을 외주 맡기지 않고 자체적으로 진행하는지
- 10인 이상 사업장인지
- 도서판매현황을 빠르고 정확하게 확인할 수 있는지
- 수도권에 위치해 접근성이 좋은 출판사인지
- 고품질의 오프셋 인쇄(옵셋 인쇄)로 인쇄하는지

이러한 사항을 모두 고려해 자신에게 딱 맞는 출판사를 고르는 것은 어려운 일이다. 그럼에도 이를 바탕으로 출판사를 잘 선택한다면, 저자님의 의도와 출판사의 가치가 원고를 올바른 방향으로 이끌 것이다.

저자가 주도하는 출판 방식이 있다고?

"

원고를 완성하여 극적으로 출판사와 계약을 하게 되었다.
그리고 오랜 기다림 끝에 드디어 내 책을 실물로 받아 보았다!
그런데, 이게 웬걸. 내가 상상했던 그 책이 아니었다.
내가 정말 중요하다고 생각했던 구절이 사라지고 전혀 다른 문장들로 대체되어 있었다.
자세히 보니 구성도 바뀌어 있었고 문체도 내 것이 아니었다.
출판사에 따지고 싶었지만 '출판권'은 출판사에 있으니
이러지도 저러지도 못했다. 속상하다.

"

내가 주도하는 특별한 출판 방식, 자비출판

보통 출판을 맡기고, 실물을 받아 보면 처음의 원고와 상당히 다른 경우가 태반이다. 물론 출판사가 나쁜 마음을 먹고 저자의 원고를 마음대로 수정하는 것은 아니다. 단지 독자의 니즈에 맞추기 위해, 현 트렌드를 최대한 반영하기 위해 저자의 구상과는 다르게 편집했을 뿐이다. 물론 출판사도 수익성을 추구하는 회사이니 당연한 것을 알지만, 속이 상하는 것은 어쩔 수 없다. 그런데, **'저자가 주도할 수 있는 출판 방식'**이 있다는 사실을 알고 있는가? 자비출판은 개성이 중요한 이 시대에 딱 맞는 출판방식이다!

자비출판은 말 그대로 작가가 원고를 쓰고 비용을 들여 출판하는 형태를 말한다. 출판 비용이 발생한다니, 부담스럽다고 느낄 수도 있지만 자비출판은 이 점을 감수하고서라도 매력적인 강점이 많다.

첫째, 원고의 방향을 저자가 이끌어 갈 수 있다. 이는 다른 말로 출판사의 개입을 최소화할 수 있다는 의미이다. 앞서 말했듯이 대부분의 출판 방식은 출판사가 관여하는 부분이 많기 때문에 계속되는 편집과 수정 끝에 책이 출간된다. 이렇게 출간된 결과물을 초고와 비교해 보면 구성은 물론 글의 분위기마저 달라지는 경우도 많다.

반면 자비출판은 저자의 의견이 최우선으로 반영된다. 책의 제목부터 목차 구성, 단어 하나까지 저자의 손길이 닿지 않는 곳이 없다. 이에 따라 다른 경쟁 도서들과의 차별성이 커져서 큰 성공도 기대해 볼 수 있다. 저자의 개성이 강한 자서전, 특정 학문의 지식이 중점이 되는 학술도서 등 특정 독자층만을 겨냥한 도서들이 많이 출판된다.

둘째, 빠른 시간 안에 출판할 수 있다. 자비출판은 다른 출판 방식보다 빠른 시간 안에 출판할 수 있다는 장점이 있다. 보통 한 권의 책을 펴내기까지 최소 6~12개월 이상의 시간이 소요되는데, 자비출판은 원고 교정부터 유통까지 2개월 안에 끝난다. 이는 시시때때로 변화하는 트렌드에도 유연하게 대응할 수 있다는 장점을 가진다.

셋째, 인세의 비율이 크다. 보통 신인 작가의 인세는 6~10%가 일반적인 반면, 자비출판의 경우 정가의 45%로 작가가 받는 인세의 비율이 상당히 크다. 만약 자신의 실력에 의심이 없고 유통 시 주변 인맥이 구매해 주는 비중이 높거나 독자들의 호응을 예상하는 콘텐츠를 가지고 있는 작가라면 자비출판이 도움이 될 수 있다.

이런 출판 방식도 있었다고?
: 반기획출판

—

자비출판 방식도 세부적인 출판 조건에 따라 기존 자비출판, 반기획출판(공동기획출판) 등으로 나뉜다. 다만 이 부분은 각 출판사마다 조건도 용어도 상이하니 꼭 출판사 홈페이지를 방문해 자세히 알아보길 바란다. 이번 장에서는 바른북스를 기준으로 자비출판도 세부사항에 따라 다양한 선택지가 있다는 것을 설명하고자 한다(2026년 1월 기준).

일단 이 두 가지 출판 방식은 출판 비용과 발행 부수에 따라 달라진다. 페이지에 따라서도 출판 비용이 달라지지만, 바른북스에서는 200페이지를 기준으로 출판 비용을 정한다.

▎출판 비용&발행 부수

① 자비출판

출판 비용	190만 원	230만 원	300만 원
출판 부수	300부	500부	1,000부

(2026년 1월 기준)

② 반기획출판

출판 비용	200만 원 * 인쇄 도수 및 제작사양 등에 따라 비용이 상이
출판 부수	초판 500부~2000부 제작 2쇄부터 모든 제작 비용을 출판사에서 부담

(2026년 1월 기준)

소유권

	자비출판	반기획출판
소유권	**저자**	출판사
저작권	저자	저자
도서 증정 부수	**원하는 만큼**	50부

(2026년 1월 기준)

출판 방식에 따라 도서의 소유권에도 차이가 있다. 자비출판의 경우 도서의 소유권과 저작권 모두 '저자'에게 있다. 따라서 유통에 필요한 일부 부수를 제외하고 저자가 원하는 만큼 수령이 가능하다. 반면 반기획출판의 경우 저작권은 저자에게 있지만, 도서의 소유권은 출판사에 있다. 이 부분은 **도서 증정 부수**에도 영향을 미친다. 자비출판의 경우 도서의 소유권이 저자에게 있기 때문에 증정 부수라는 개념이 없다. 때문에 원하는 만큼 책을 수령할 수 있다. 반면 반기획출판의 경우 도서의 소유권이 출판사에 있기 때문에 도서 증정 부수가 제한된다.

❙ 도서 추가 발행

	자비출판	반기획출판
재판 부담 책임	저자	출판사

1쇄에서 발행된 책이 모두 판매되었을 경우 추가로 도서를 발행(재판)해야 한다. 이때 소유권의 차이에 따라 도서 추가 발행에도 차이가 생긴다. 자비출판의 경우 도서의 소유권이 저자에게 있는 대신 최대 발행 부수에 제한이 있다. 계약된 부수만큼 도서가 발행되며 도서를 추가 발행할 경우 재판 부담 책임은 저자에게 있다. 하지만 반기획출판의 경우 앞서 언급했듯 최대 발행 부수에 제한이 없다. 소유권이 출판사에 있기 때문에 중쇄 재판에 대한 책임을 출판사에서 부담한다.

이 두 가지 출판 방식은 각각의 장점과 단점이 있다. 때문에 꼼꼼히 따져 본 후 나에게 맞는 출판 방식을 현명하게 선택하길 바란다.

출판 상담 시 어떤 질문을 해야 할까?

출판사로부터 연락이 왔다고 해서 무턱대고 계약서에 사인부터 하려고 해서는 안 된다. 일단 출판사를 찾아가 상담을 하면서 그 출판사가 내거는 조건들을 차근차근히 생각해 보는 과정이 필요하다. 출판 상담을 할 때 어떤 질문을 하면 좋을까? 인세나 소유권, 저작권 이외에 필수로 물어보아야 하는 것이 있을까?

책이 나오기까지 얼마나 걸릴까?

인세나 계약금 등에 신경을 쓰느라 놓칠 수 있는 것이 바로 '출간 시기'이다. 계약을 할 때 저자가 출판사에 언제까지 원고를 송부한다는 항목이 있고, 출판사에서는 원고를 인도받은 날로부터 일정 기한 내에 출판을 한다는 항목이 있다. 이때 이 출간 시기를 제대로 파악해 두는 것이 좋다. 출판 계약을 맺었다고 해서 책이 금방 나오는 것이 아니다. 교정 작업부터 디자인 작업까지 마무리되는 데 걸리는 시간뿐 아니라, 인쇄 및 유통 기간도 필요하다. 더군다나 출판사도 수익성을 추구하는 회사이기 때문에, 퀄리티 좋은 원고나 시기상 판매 실적이 좋을 것 같은 원고가 들어오면 정해진 출간 일정 사이에 그 원고를 끼워 넣기도 한다. 그렇게 된다면 출판사의 사정에 따라 어떤 원고는 출간이 빨리 될 수도, 어떤 원고는 뒤로 밀릴 수도 있는 것이다.

내 원고가 뒤로 밀리는 것을 유쾌하게 받아들일 저자는 단 한 사람도 없다. 이렇게 저자와 출판사의 사정이 충돌하는 부분이 바로 출간 시기이다. 때문에 출판 상담을 할 때 출간 시기에 대해 명확하게 짚고 넘어가는 것이 좋다. 만약 출간 기념회나 강연회 일정이 잡혀 있다면 계약 단계에서 확실히 말해야만 한다. 그래야 출판사 측에서도 일정을 조절할 수 있다.

서점 유통은 어떻게 진행될까? 물류창고의 상태는 어떨까?

출간될 책을 더 많은 독자들에게 알리는 것이 저자와 출판사 간의 공통적인 목표다. 더욱 많은 사람들에게 내 책을 알리고 싶다면 '서점 유통' 과정과 책을 보관할 '물류창고'의 상태를 꼭 확인해야 한다. 출판 상담 단계에서 출판사가 서점 간의 '직거래 유통망'을 구축하고 있는지 타 유통사에 위탁하여 판매하고 있는 것은 아닌지 알아보아야 한다. 또한, 대형서점만이 아니라 지방 각지에 있는 서점들까지 유통을 진행시키고 있는지도 물어보면 좋다.

서점 유통보다도 중요한 것이 바로 물류창고의 상태다. 잘 생각해 보자. 서점의 공간은 한정되어 있다. 때문에 서점 MD(MerchanDiser)는 '잘 팔리는' 책만을 선택하여 진열할 수밖에 없다. 책을 매대에 올릴 수 없다면 출판사는 그 많은 책을 어디에 보관할까. 인쇄소에서 완성된 책은 출판사와 연결되어 있는 배본사의 물류창고로 향한다.

만약 서점에서 당신의 책을 주문했다고 하면, 출판사는 배본사에 연락한다. 그리고 당신의 책을 주문한 서점에 보내 달라고 요청한다. 그럼 배본사는 책을 보낸다. 출판사가 배본사를 이용하기 위해서는 물류창고에 책을 쌓아 두어야만 한다. 서점의 매대가 전부 돈이듯, 물류창고의 공간도 돈이다. 만약 책이 팔리지 않는다면 비용만 계속 불어나는 것이다. 그런데 일부 출판사들의 경우 '저자'에게 이 창고비를 부담하는 경우가 있다. 때문에 출판 상담 단계에서 해당 출판사가 대형 물류창고를 소유하고 있는지, 또 창고비를 저자에게 부담하고 있지는 않은지 필히 확인해야만 한다.

마케팅은 잘 이루어지고 있을까?

책이 출간되었다고 해서 모든 출판 과정이 끝난 것은 아니다. 책이 출간되면 다른 타 도서들과의 경쟁이 시작된다. 하지만 출판사가 출간되는 모든 도서에 적극적인 마케팅을 펼치는 것은 아니다. 출간되는 도서의 종수가 워낙 많기 때문에 트렌드에 잘 부합하는 도서, 많은 독자들이 흥미를 느끼는 주제의 도서에 주력할 수밖에 없다. 그러므로 계약하고자 하는 출판사가 어떤 마케팅을 기본적으로 하고 있는지 살펴보는 것이 좋다.

무엇보다도 SNS 마케팅이 활발한지 살펴야 한다. SNS 마케팅은 노출 효과가 가장 뛰어나다. 젊은 층만 SNS를 사용한다고 생각하지 말길 바란다. 요즘은 중장년층까지 SNS 사용 계층이 넓어지는 추세이다. 당신이 설정한 예상 독자가 누구이든지 반드시 SNS는 홍보 수단에 집어넣어야 한다. 때문에 계약하려고 하는 출판사가 자사 SNS를 보유하고 있는지 꼭 확인하자. 자사 홈페이지는 물론이고 네이버 블로그, 인스타그램, 페이스북 등 다방면의 플랫폼을 이용하여 책을 홍보하고 있는지 살펴야 한다.

또한, 단순히 신간을 소개하는 것 이외에 '어떤 식'으로 책을 홍보하고 있는지도 알아보면 더욱 좋다. 책 미리보기 포스팅을 하고 있는지, 서평단을 활발하게 운영하고 있는지, 각 언론사에 배포한 보도자료를 활용하여 독자들에게 소개하고 있는지 등을 살펴보자. 그리고 무엇보다도 출판사가 자사 SNS를 통하여 독자들과 얼마나 소통하고 있는지 파악하는 것이 가장 중요하다.

출판사와 편집자를 대하는 자세

출판사와 계약 후 담당 편집자와 소통을 하다 보면 나의 의견이 잘 수용되지 않아 존중받지 못한다고 느낄 수도 있다. 더 빠른 답을 원하는데 연락이 좀처럼 오지 않아 답답할 수도 있을 것이다. 작가로서 오랜 시간 동안 공들인 작품이니 좀 더 신경 써 주기를 바라는 것은 당연하다.

자식같은 원고를 출판사에 맡겼으니 걱정되고 불안하겠지만 담당 편집자도 그에 못지 않게 심혈을 기울이고 있다. 온종일 오타를 하나라도 더 잡기 위해 눈을 크게 뜨고 더 좋은 문장을 쓰기 위해 머리를 굴릴 것이다.

출판사와 편집자는 백조

출판사는 언제나 작가의 원고에 최선을 다하고 있다. 여러 개의 원고를 담당하고 책이 만들어지는 전 과정을 총괄하여 늘 빠듯한 일정에 쫓기기 마련이다. 그럼에도 최고의 결과물을 내기 위해 끊임없이 작가와 협의하고 내부 의견을 조율한다.

그 밖에도 모든 과정에서 중간 다리 역할을 하며 책이 만들어지는 모든 순간에 끝없이 소통한다. 출판사의 일은 생각보다 더 다양하고 많다. 하나에서 열을 넘어 열하나 열둘을 훌쩍 넘긴다. 책이 출간되어도 출판사의 일은 끝나지 않는다.

책에서 발생하는 모든 요소는 출판사와 담당 편집자가 가장 큰 책임을 진다. 그러나 어떤 글이든 작가나 편집자의 의도와 다르게 오타나 문제가 될 수 있는 표현이 있기 마련이다. 아마 작가보다 편집자가 이런 문제에 있어서 더 예민할 것이다. 작가가 쓴 글이라도 책임은 편집자에게 있고 문제를 제기할 때 먼저 찾는 사람도 작가가 아닌 편집자다. 작가가 생각하는 것보다 편집자가 작가의 원고에 더 신경 쓰고 최선을 다하고 있음을 알아주었으면 한다.

편집자는 아무리 바빠도 작가를 절대 우선순위에서 배제하지 않는다. 작가의 원고를 그저 업무를 처리하는 과정이라고 생각하는 편집자는 없을 것이다. 또한, 작가가 밤낮으로 고뇌하며 짧게는 몇 개월에서 길게는 몇 년의 시간을 소요하며 작성한 원고임을 알기에 항상 소중히 다루고 있다. 그러니 출판사와 편집자에게 아쉬움이 있더라도 믿고 이해해 주었으면 한다.

더 좋은 책을 위한 연구소

출판사는 그저 책을 만들어 파는 곳은 아니다. 출판사는 작가만을 위한 연구소이고 편집자는 작가의 원고를 위한 연구원이다. 작가가 예상하는 것처럼 작가의 원고를 어떻게 더 좋은 책으로 만들지 많은 대책을 세우고 연구하며 이를 시행한다. 작가의 원고에 담긴 글을 그저 보고 읽는 것이 아닌 글을 뜯어 보기도 하고 나눠 보기도 한다. 그렇게 책의 구성과 틀을 그리고 디자인을 그린다. 그뿐만 아니라 책의 전체적인 방향과 계획을 세운다. 모든 게 준비되어도 더 좋은 방안을 탐색하고 수정을 통해 더 안정성 있고 완성도가 높은 책을 만들기 위해 시간을 쏟는다.

담당 편집자와 작가 사이에 의견이 다를 수 있고 바라는 방향이 다를 수 있다. 그로 인해 진행 과정에서 원고는 작가의 것인데 편집자가 마치 자신의 것처럼 다룬다고 느낄 수도 있다. 작가의 원고가 작가의 것이라는 사실은 누구보다 편집자가 제일 잘

인지하고 있다. 그래서 항상 작가의 의견을 묻고 이견을 조율하려 애쓴다. 작가의 원고인데 왜 편집자가 고집을 부리나 생각할 수도 있다. 편집자는 출판 전문가로서 다양한 분야의 책과 출판 시장의 흐름을 연구하고 탐구하고 있기에, 고집보다는 의견이나 제안 정도로 생각한다면 좋을 것 같다.

디지털 시대에 종이책은 아날로그이고 늘 정체되어 있다고 생각할 수 있지만 사실은 책에도 유행이 있다. 유행하는 분야가 있고 유행하는 디자인과 문구가 있다. 변화하는 독자들이 필요로 하는 것을 알기 위해 원하는 글의 형식, 책의 형식으로 작가의 메시지를 전달하기 위해 편집자는 항상 공부한다. 그러니 편집자의 의견과 생각이 작가와 다르더라도 편집자의 의도를 한번 헤아려 주었으면 한다. 출판사와 편집자는 그 누구보다 작가의 원고를 응원한다.

예비 청소년 작가를 위한 출판 이야기

책과 서점을 접할 수 있는 기회가 많아진 만큼 출판에 대한 진입장벽이 낮아지고 책을 출간하는 작가 연령대의 폭이 넓어지면서, 최근에는 성인뿐만 아니라 청소년들의 책 출판에 관한 관심도 함께 높아지고 있다. 그들은 오늘도 휴대폰 메모장에, 나를 감춘 온라인 공간에, 가족과 친구도 모르는 일기장 한구석에 자신의 이야기를 몰래 써 내려가고 있다.

누구의 눈치도 보지 않고 자유롭게 풀어 나가는 자신만의 생각과 감정, 그리고 상상의 세계를 책으로 낸다면 어떨까? 누군가는 무모하기만 한 도전이라고 할 수도 있다. 그러나 불특정 다수를 위한 특별한 이야기를 조심스레 써 내려가는 그들의 꿈은 분명히 빛나고 있다. 청소년이 작가가 된다는 것은 이르고 무모한 도전이 아니라 자신의 목소리를 세상에 내보이는 가장 용기 있는 시작이 아닐까?

그 언젠가는 자신의 이름이 적힌 책을 서점에서 마주하고 싶은 모든 청소년이 궁금해할 만한 이야기를 해 보려 한다.

청소년만 쓸 수 있는 글이 있다

청소년은 어떤 글을 쓰면 좋을까? 청소년보다 더 많이 공부하고 경험한 어른들이 많은 분야의 글을 써야 할까, 청소년만이 쓸 수 있는 글을 써야 할까? 청소년이 쓰는 청소년의 이야기만큼 경쟁력이 있는 소재도 없을 것이다. 교복은 학생 때만 입을 수 있고, 학교 수업은 학생 때만 들을 수 있다. 이처럼 글에도 청소년만이 쓸 수 있는 글이 있다.

처음 경험하는 일들과 그 일로 인한 감정의 변화, 학교를 배경으로 한 생생한 에피소드와 표현, 요즘 10대의 고민과 문화 같은 청소년의 이야기를 담은 글은 또래에게는 공감이 되고, 어른들에게는 울림이 되어 다가간다. 오히려 어른들한테 '이런 걸 써도 되나?'라는 생각이 들게끔 하는 소재라도 일단 써 보자.

출판사가 '10대의 시선'과 '10대의 감성'이 담긴 글들을 유치하다고 생각할 거라는 걱정은 시간 낭비일 수 있다. 잘 쓰인 어른의 글과 날것의 표현이 그대로 녹아 든 청소년의 글은 너무나 다른 세계의 이야기이고, 어른은 청소년 세계의 이야기를 흉내 내기 어렵다. 다듬어지지 않아 더 완벽한 문장과 무궁무진한 상상력으로 이미 어른이 되어 버린 사람들은 상상하기조차 어려워진 10대만의 글을 써 보는 건 어떨까?

(글 쓰는 방법에 대한 자세한 설명은 본서 3장 〈글, 어떻게 써야 할까〉에서 확인할 수 있다)

책으로 엮을 준비하기

초고 완성 후 퇴고까지 거친 원고가 준비됐다면, 본격적으로 책으로 만들 방법을 찾아야 한다. 예비 독자들과 출판사에 내 원고를 알리는 것이 우선인데, 어디에 어떻게 알리면 될지 알아보자.

▌원고 투고

'원고 투고'는 출판의 가장 클래식한 방법이자 대표적인 방법이라고 할 수 있다. 대부분의 출판사는 상시로 원고 투고를 받고 있다. 출판사 홈페이지에 있는 이메일로 완성된 원고를 보내면 되는데, 이때 출판기획서를 같이 보내면 원고의 구성과 내용, 기획 의도, 예상 독자 등의 정보를 대략적으로 파악할 수 있기에 출판사의 시선을 조금이라도 더 끌 수 있다.

투고하는 출판사도 중요한데, 청소년 작가의 도서인 만큼 누구나 원고를 투고해 자비로 책을 출간할 수 있는 자비출판 전문 출판사 위주로 찾아보거나, 청소년 문학도 투고를 받는 출판사(창비, 위즈덤하우스, 문학동네 등)를 찾아보는 것을 추천한다.

▎문학 공모전 응모

문학 공모전에 응모하는 것은 사실상 가장 안정적이고 현실적인 루트라고 할 수 있다. 많은 신문사와 출판사가 청소년을 대상으로 한 글쓰기 공모전을 주최하고 있다. 공모전에 응모하여 수상하거나 입선하게 되면, 출판사와 계약 후 정식 책으로 출간할 수 있다. 다만, 많은 작가 지망생들이 모이는 만큼 고배를 마시게 될 수도 있는 점은 염두에 두자.

대표적인 청소년 대상 공모전

✓ 창비청소년문학상 ✓ 김수영청소년문학상 ✓ 문학동네 청소년문학상

▎크라우드 펀딩

책이 무료로 뚝딱 만들어지는 게 아니니, 청소년이라면 책 제작 및 출간에 필요한 비용을 생각하지 않을 수 없다. 출판 업계는 많이 팔려야 이익이 남는 생태계인데도 불구하고 초기에 드는 비용이 만만치 않다. 출판에 필요한 초기 비용이 부담스러운 사람에게 강력하게 추천하는 게 바로 '크라우드 펀딩'이다.

크라우드 펀딩은 텀블벅, 와디즈와 같은 펀딩 사이트에 내 책을 홍보하며 후원을 받아 제작비를 확보하는 방법이다. 펀딩에 성공하면 예상되는 수익을 미리 확보할 수 있어 책 제작에 필요한 금액을 마련할 수 있고, 펀딩 사이트에 등록되어 있다는 사실만으로도 홍보 효과까지 볼 수 있다. 두 마리 토끼를 모두 잡을 수 있는 셈이다.

요즘에는 펀딩 사이트가 일반 대중에게도 많이 알려져 있다. 접근성이 좋아 예비 독자를 한 명이라도 더 모을 수 있다는 장점이 있고, 펀딩에 성공했다는 문구로 출간 이후 홍보까지 할 수 있으니 이보다 더 좋은 게 있을까?

단, 이렇게 좋은 방법도 단점은 있다. 후원하는 사람 입장에서는 책만 정가로 후원한다는 점에 아쉬워할 수 있어, 할인된 금액 구성이나 세트 구성, 리워드 등의 옵션을 기대할 수 있다는 점을 고려해야 한다.

❙ 온라인 연재

SNS의 시대라고 해도 과언이 아닐 만큼, 자유롭게 글을 올릴 수 있는 플랫폼이 많다. 대표적으로는 브런치와 포스타입, 카카오페이지, 리디스토리 등이 있는데, 연재 형식과 전자책 형식으로 나뉜다. 온라인 연재와 전자책은 종이책 출판의 전 단계로, 원고를 마련하거나 전자책 출판을 먼저 경험할 수 있다는 장점이 있다. 전자책을 출간하고 나면 종이책도 출간하고 싶어질 수 있으니 일단 한번 도전해 보자. 특히 브런치는 브런치 작가가 되어 꾸준히 글을 쓴다면 수상작으로 당선되어 내 글을 응원해 주는 독자들과 함께 '브런치 북'을 만들 수도 있다고 하니, 주저하지 말고 도전해 보자.

❙ 책 쓰기 프로젝트

글 쓰는 것을 좋아하고 책을 출간해 보고 싶지만, 혼자 많은 글을 쓰고 출간까지 해내는 것이 부담스럽다면 책 쓰기 프로젝트를 해 보는 것은 어떨까? 책 쓰기 프로젝트는 일정 기간 동안 미션을 토대로 글을 쓰고, 다듬은 글을 취합하여 한 권의 책으로 만들 수 있다.

거창하게 생각할 것 없이, 의견이 맞는 친구들이 모여 매일 글을 쓰고, 어른을 통해 책으로 만들면 책 쓰기 프로젝트가 된다. 다 같이 쓰는 글이기 때문에 퇴고에 대한 책임감도 강해져 현실적으로 원고가 출간까지 이어질 확률이 가장 높다.

청소년 출판 대표작

출간 전부터 크라우드 펀딩 2,300%를 달성해 화제가 된 청소년 장편소설 《시한부》는 바른북스의 대표 청소년 소설책으로, 출간된 지 1년이 지난 지금까지도 여전히 많은 독자의 사랑을 받으며 교보문고 청소년 베스트셀러 상위권을 꿋꿋하게 지키고 있다.

"크리스마스에 죽을 거야."
살기 위해 죽음을 결심한 사람들

자신의 마지막 날을 스스로 정한 삶도 시한부일까? 가장 친한 친구의 죽음으로 자발적 시한부가 된 주인공의 이야기를 통해 어른들은 모르는 청소년들의 이야기를 담백하게 담아낸 소설이다.

《시한부》
백은별 지음 | 312쪽 | 16,800원

많은 청소년 작가 지망생들의 롤모델 작품이 된 《시한부》 같은 청소년 소설 분야 외에 경제/경영 분야와 에세이 분야에서도 청소년 작가의 책을 발견할 수 있다.

소개된 도서 외에도 청소년이 쓴 비문학 도서와 에세이 도서가 다수 있으니, 청소년 도서라고 해서 시와 소설 같은 문학 분야에 국한되지 않는다는 사실을 유의하자. 아직도 글쓰기가 망설여진다거나 글이 잘 써지지 않을 때는 온·오프라인 서점에 내가 만든 책이 내걸린다는 기분 좋은 상상을 하며, 쓰고 싶은 소재와 글이 있다면 주저하지 말고 시작해 보기 바란다.

출판 계약도 혼자서 할까?

한 가지 중요하게 짚고 넘어가야 하는 부분이 있다. 분야를 막론하고 청소년도 얼마든지 책을 출판할 수 있지만, 법정 미성년자가 책을 출판하기 위해서는 보호자 또는 부모님의 동의가 필요하다. 계약서를 작성할 때 법정 대리인의 서명이 필요하기에, 청소년 혼자서는 계약 성사가 어려운 점을 잊으면 안 된다.

출판계는 요즘 청소년 작가들의 대단한 활약을 실감하며, 한국 문학의 미래로 보고 있다. 책은 누구나 정보를 공유하고 읽기 위해 만들어진 매체이기에 책을 쓰는 데 나이는 중요하지 않다. 중요한 것은 세상에 전하고 싶은 이야기와 메시지의 유무인데, 앞으로 얼마나 많은 청소년들이 얼마나 다채로운 이야기를 들려줄지 기대해 볼 법하다.

2024년 노벨 문학상 수상으로 대한민국을 빛낸 한강 작가처럼, 10년, 20년, 어쩌면 50년 후라도 노벨상 수상자에 다시 한번 대한민국을 새겨 줄 미래 작가의 도전을 응원한다.

바른북스에서 출간된 청소년 출판 대표작

* 대구광역시 교육청 책쓰기 프로젝트 포함

2장

사전 준비, 꼼꼼함만이 살길이다

열 자식 안 부러운 내 책 한 권

전업 작가나 훌륭한 업적을 가진 사람만 책을 쓰는 시대는 지났다. 1인 1출판 시대에 맞춰 강사나 정치인, 연예인, 운동선수, 유튜버까지 여러 분야의 직업군은 물론이고 나이나 사회적 지위 또한 다양한 작가들이 책을 출간하고 있다. 소위 글발 좀 날렸다는 평범한 직장인과 학생들도 저서를 출간하는 경우가 적지 않게 보인다. 틀에 박혀 있던 작가의 벽이 허물어지고 누구나 책을 쓸 수 있는 시대가 도래한 것이다.

그렇다면 왜 하필 '책'일까? 지위의 여하를 막론하고 대부분의 사람은 왜 작가의 꿈을 꾸는 걸까? 펜을 들기에 앞서, 스스로 근원적인 질문을 던져 보자. **'왜 책을 쓰려 하는가?' '왜 하필 책인가?'**

나를 표현하는 방법으로써 책쓰기

'자아실현 욕구'는 미국의 심리학자 머슬로(A. H. Maslow)가 말하는 인간의 다섯 가지 기본 욕구(생리적 욕구·안전 욕구·소속 욕구·존경 욕구·자아실현 욕구) 중 최상급 욕구로, 자신의 잠재적 능력을 최대한 끌어내 이를 구현하고자 하는 욕구를 말한다. 자신이 바라는 이상적인 가치를 발견하고, 그 가치를 어떻게 올바른 방법으로 실현해야 하는가를 생각하면서 살아가는 것이다.

'이상적인 가치'의 기준은 개인마다 다양하게 정해진다. 자신이 가지고 있는 지식을 공유하며 느끼는 성취감에 높은 가치를 두는 사람이 있는 반면, 타인의 아픔을 보듬고 공감과 위로를 전할 때 내적 성장을 이룩하는 사람도 있을 것이다. 인간은 누구나 자신을 드러내고 싶다는 욕망을 품고 있다. 음악을 만들고 노래를 부르고, 그림을 그리고 그것을 전시하는 행위 모두 나를 표현하고 자신의 생각을 드러내는 방법이 아닐까? 그중 누구나 할 수 있고 자신을 직접적으로 드러내는 방법이 바로 '책쓰기'이다.

높은 인세를 기대하는 책쓰기

옛날보다 글로 밥 벌어먹기 훨씬 어려워졌다. 몇몇 베스트셀러 작가들을 제외하면 여전히 인세나 원고료로 생활해 나가기 어렵다는 것이 현실이다. 도저히 인세로는 생활할 수 있는 여건이 되지 않아 다른 일을 하며 생활비를 충당한다. 지금도 많은 무명작가들이 생활고에 시달리고 있다는 이야기가 심심치 않게 들려온다.

하지만 아직도 많은 사람들이 '작가'라고 하면 걱정 없이 글에만 몰두하는 사람을 떠올린다. 이를테면, 벽면 가득 책으로 둘러싼인 서재. 그 안에서 퍼지는 커피 향기와 키보드 소리. 글에 필요한 경험을 위해서라면 언제든 떠날 수 있는 자유까지. 아마도 지금 상상하는 대부분은 어마어마한 인세를 통해 이룰 수 있는 것들이다(전업 작가의 경우). 물론 불가능한 건 아니다. 가난한 작가가 있다면 부유한 작가도 있지 않겠는가?

《꿈꾸는 다락방》[1]으로 R=VD 열풍을 일으켰던 이지성 작가는 어느 방송 프로그램에서 인세만 40억을 받았다고 공개한 적이 있다. 대통령이 청와대 직원들에게 선물한 도서로 화제가 된, 《90년생이 온다》[2]의 임홍택 작가는 라디오 프로그램에서 6개월간 1억 정도의 인세를 받았다고 밝혔다. 최근에는 김수현 작가의 에세이 《애쓰지 않고 편안하게》[3]의 판권이 선인세 2억 원에 수출됐다고 한다. 앞의 설명은 보통 10% 정도의 인세를 받는 기획출판 방식의 경우이고, 자비출판이나 1인 출판으로 책을 낸다면 훨씬 더 많은 인세를 챙길 수 있다.

초판 1,000~2,000권도 팔기 힘든 시대에 고작 10% 인세로 벼락부자라니! 사실 인세만으로 풍요로운 삶을 누린다는 건 삼대가 덕을 쌓아야 경험할 수 있는 일이긴 하다. 하지만 조상님들이 착실히 쌓은 덕을 볼 사람이 나일지는 아무도 모르는 것 아닌가? 앞서 말했듯 훌륭한 이력과 풍부한 경험을 가진 작가만이 책을 쓸 수 있는 시대는 지났다. 누구나 쓸 수 있는 1인 1출판의 시대다. 나만의 콘텐츠로 베스트셀러 작가에 도전해 보자.

내 가치를 높이는 책쓰기

책은 나의 가치를 높이기 위한 최적의 수단이자 나를 표현할 수 있는 확실한 마케팅 도구다. 지금은 법복을 벗고 작가 활동에 집중하고 있는 문유석 전 판사는 사회에서 벌어지는 다양한 분쟁의 모습과 판사들의 모습을 소설 《미스 함무라비》[4]로 엮었는데, 원작 소설뿐 아니라 드라마 각본까지 직접 맡아 화제가 되었다. 실제 부장판사로 재직했던 작가가 쓴 작품이기에 많은 관심과 높은 리얼리티로 호평을 받았을 뿐만 아니라 문유석 판사로서는 본업 외에 '작가'라는 직함을 하나 더 갖게 되었다. 드라마로까지 제작되어 커리어의 확장을 이룬 셈이다.

《대통령의 글쓰기》[5], 《강원국의 글쓰기》[6] 등 '글쓰기 전문가'로 유명한 강원국 작가 또한 처음부터 전업 작가로 활동한 것은 아니다. 30대 중반까지 증권회사 홍보실 사원으로 일하던 그는 '글 좀 쓴다'라는 이유로 대우그룹 회장의 연설을 쓰다가 이후 노무현 대통령 연설비서관을 맡았다. 이러한 경험을 바탕으로 쓴 책이 베스트셀러가 되어 《대통령의 글쓰기》를 출간한 이래로 지금까지 1,000회가 넘는 글쓰기 강연과 교육을 하고 있다.

책을 무사히 출간한 뒤 출판사에서 종종 받는 전화 내용 중 하나가 바로 '작가의 연락처를 알고 싶다'는 강연 문의다. 책이야말로 내 이름을 효과적으로 알릴 수 있고 사람들이 찾아오게 하는 마케팅 수단이다. 실제로 저서의 유무에 따라 강사료가 배로 차이 난다고 하니 책으로 얻을 수 있는 경쟁력이 어마어마하다. 잘 만든 책 한 권으로 나의 브랜드 가치를 높이고 또 다른 기회를 만들 수 있다.

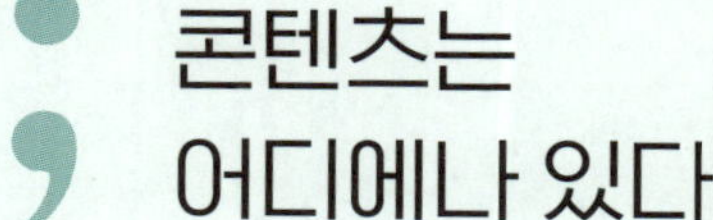

콘텐츠는 어디에나 있다

글을 쓰기 위해 가장 먼저 해야 할 일은 콘텐츠, 즉 소재를 정하는 것이다. '소재'라고 하면 어렵게 생각하는 분들이 많다. 거창한 소재를 말하는 게 아니다. 매일 주변에서 흔히 보고 듣고 겪는 일들이 모두 소재가 될 수 있다. 어제 본 영화에 대해서 쓸 수도 있고, 먹은 음식이나 잠들기 전에 했던 생각을 중심으로 소재를 발전시킬 수도 있다.

구체적인 분야 설정 및 계획 수립

우선 어떤 책을 쓰고 싶은지 정해 보자. 에세이, 자기계발, 경제

경영 등 분야를 확실하게 선택하고 나면 그와 연관된 소재를 떠올리는 게 쉬워진다. 여기서 유의해야 할 부분은 자신이 감당할 수 있는 분야를 선택해야 한다는 것이다. 아무리 기발하고 흥미로운 아이디어를 가지고 있다고 하더라도 소화할 수 없는 분야라면 소용이 없다. 평소에 관심을 갖고 주의 깊게 살펴보았던 분야로 글을 쓰면 보다 더 깊이 있는 내용을 다룰 수 있다. 쓰고자 하는 분야와 관련된 업종에 종사하는 사람이라면 더할 나위 없이 좋다.

분야를 정했다면 다음과 같은 질문을 스스로 던져 볼 필요가 있다. 답변하지 못하는 질문이 있다면 처음 설정한 방향이 잘못된 것이므로 다시 돌아가 쓰고자 하는 분야를 바꿔야 한다.

- ✓ ○○와(과) 관련된 책을 써야 하는 이유는?
- ✓ ○○와(과) 관련된 책을 끝까지 쓸 능력이 되는가?
- ✓ ○○와(과) 관련된 책을 집필하면서 본인이 얻고자 하는 것은?
- ✓ ○○와(과) 관련된 책을 읽을 독자는 누구인가?
- ✓ ○○와(과) 관련된 책을 출간한 이후 목표가 있는가?

아직 글을 쓰기도 전인데 출간한 이후의 목표까지 설정해야 하느냐고 묻는다면 이렇게 답하고 싶다. 동기부여는 글을 지속적으로 쓸 수 있게 만드는 원동력이다. 이루고자 하는 소망이 있다면 힘들어도 쉽게 포기하지 않고 좌절해도 툭툭 털고 일어날 수 있다. 그리고 단순히 지금 여기, 현재만 바라보는 시각에서 탈피하여 먼 미래를 계획할 수 있는 혜안을 가져야 한다.

일상에서 소재 찾기

이제 쓰려는 분야에 맞는 소재를 찾아야 한다. 앞서 말한 것처럼 소재는 먼 곳에 있지 않다.

첫째, 반복되는 일상을 관찰한다. 하루하루가 새로운 일로 가득한 사람은 흔치 않다. 다람쥐가 쳇바퀴 돌 듯이 매일 똑같은 일상을 겪는 게 대다수일 것이다. 하지만 어제와 오늘이 완전히 같을 수는 없다. 거리를 걷는 사람이 다르고, 입은 옷이 다르고, 식사 메뉴가 다르고, 나눈 대화가 다르다. 소재로 삼으려고 마음만 먹는다면 얼마든지 에피소드를 끌어낼 수 있다는 말이다. 물론 관찰한 내용을 그대로 글로 옮기는 데 그쳐서는 안 된다. 깨달음이 있어야 한다. 만약 쓰고자 하는 분야가 에세이라면 그 사건에서 어떤 감정을 느꼈고 무엇을 깨달았는지가 들어 있어야 하고, 경제 경영과 같은 전문 분야라면 이론을 설명하기 위해 실생활에서 경험한 예를 접목해 쉽게 설명할 수 있는 방법을 고민해야 한다.

둘째, 경험을 떠올린다. 과거에 겪었던 일들은 좋은 소잿거리가 될 수 있다. 경험이라고 하면 흔히 여행을 생각한다. 다양한 나라 및 지역을 방문하고 여러 사람을 만날 기회를 얻기 때문에 넓은 시야로 세상을 바라볼 수 있다. 분명히 소재를 잡고 글을 쓰는 데 도움이 될 것이다. 하지만 꼭 여행일 필요는 없다. 책이나 영화 혹은 강연과 같은 간접경험을 통해서도 충분히 식견을 넓힐 수 있다. 성향에 따라 활동적인 것을 선호하기도 하고 정적인 것을 선호하기도 한다. 굳이 맞지 않는 경험을 억지로 하려고 노력할 필요는 없다. 자기 자신을 정확히 파악하고 자연스럽게 드러내야 글의 진심이 통하는 법이다.

셋째, 책상 앞에 앉아 펜을 쥔다. 일상을 관찰해도, 경험을 되짚어 봐도 글감으로 쓸 만한 사건을 뽑아내지 못했다면 일단 써 보자. 일종의 브레인스토밍(Brainstorming)을 하는 것이다. 무엇이든 괜찮다. 그 순간 생각나는 대로 아무거나 끄적이다 보면 아이디어가 떠오를 수 있다. 의외로 엉뚱한 곳에서 아이디어를 얻는 경우가 많다.

지레 겁먹지 말고 차근차근 소재 찾기부터 실행에 옮겨 보자. 시작만 하면 어렵지 않다. 주변에 널려 있는 콘텐츠를 나만의 것으로 만드는 게 핵심이다.

글의 방향이 확실해야 한다

"그래서 요점이 뭔데?"

회사 상사에게 보고할 때 조사한 내용을 줄줄 늘어놓으면 꼭 듣는 한마디다. 아는 것도 많고 열심히 찾아도 봤건만 정작 정리를 못 하면 모든 게 다 무용지물이 되고 만다. 공들여 보고서를 쓴 이유는 '이렇게 했으면 좋겠다'는 하나의 메시지를 담기 위함이다. 그 외의 내용은 메시지의 신뢰를 높이기 위한 근거다. 근거만 나열하고 메시지가 없다면 그 보고서는 존재 목적이 없어진다.

메시지가 중요한 이유

메시지는 책의 심장이라고도 할 수 있다. 메시지 없는 책은 의미가 없다. 몇백 페이지의 책도 결국 단 한 줄의 메시지를 전하기 위해 쓰였다. 당신과 완벽하게 똑같은 사람은 이 세상에 존재하지 않는다. 지금까지 쌓아 온 지식과 경험, 그리고 거기서 얻은 깨달음은 오직 당신만의 것이다. 바로 그것을 한마디로 정의하는 게 책을 기획하는 단계에서 반드시 해야 할 일이다.

책을 기획하고 쓰는 동안에는 원하든 원치 않든 자신을 돌아볼 시간을 갖게 된다. 마냥 좋은 기억만 있을 수는 없다. 때로는 떠올리기 싫을 정도로 고통스러운 상처일 수도 있지만 피하지 말고 마주해야 한다. 그 과정을 통해 내면이 한층 더 단단해질 것이다. 고뇌를 거듭하며 후회와 반성을 통해 앞으로 나아간 사람이 쓴 글은 다르다. 성숙함을 품은 글은 독자의 가슴에 진한 울림과 여운을 남길 수 있을 것이다.

책은 작가와 독자를 잇는 다리다. 독자는 자기에게 필요한 책을 선택한다. 매달 무수히 쏟아지는 신간 사이에서 돋보이기 위해서는 고유한 색을 드러낼 수 있는 분명한 메시지를 담고 있어야 한다. 메시지가 담긴 책은 꿈꾸게 만드는 힘을 지녔다. 동기부여가 될 수 있고 나아가 삶의 희망이 될 수도 있다. 내가 쓴 글이 누군가에게 살아갈 용기를 준다는 사실이 근사하지 않은가. 어떤 메시지를 담느냐에 따라 책의 가치가 달라진다. 딱 정가만큼의 값어치에 그칠 수도 있지만 돈으로 환산할 수 없을 정도로 고귀한 것이 되기도 한다. 어느 쪽이 될지는 당신에게 달렸다.

메시지 찾는 방법

어디서부터 생각해야 할지 막막한 분들을 위해 가이드라인을 제시하고자 한다. 다음 질문에 답하면서 '나는 누구인가'라는 근본적인 물음부터 파고들어 보자.

- ✓ 나의 강점은?
- ✓ 나의 약점은?
- ✓ 최고로 기뻤던 일은?
- ✓ 최고로 슬펐던 일은?
- ✓ 지금까지 가장 크게 성공했던 일은?
- ✓ 지금까지 가장 크게 실패했던 일은?
- ✓ 쓰려는 책이 가진 차별화된 가치는 무엇인가?
- ✓ 쓰려는 책의 핵심 키워드를 세 개만 꼽자면?
- ✓ 책에 담고자 하는 핵심 메시지는?

베스트셀러 분석이 필요한 이유

책을 쓰는 사람이라면 누구나 자신의 책이 베스트셀러가 되길 꿈꿀 것이다. 베스트셀러 작가는 유명한 사람만 되는 것일까? 아니다. 지금 서점에 가 어떤 책이 베스트셀러 매대에 있는지 확인해 보라. 아는 이름보다 모르는 이름이 더 많지 않은가?

모든 책이 베스트셀러가 될 수는 없어도 누구나 베스트셀러 작가가 될 수는 있다. 물론 그러기 위해선 현재 순위에 올라와 있는 책들을 분석하여 '잘 팔리는' 이유를 파헤쳐야 한다. 책이 많이 팔리기 위해선 당연히 독자들이 읽고 싶은 책을 만들어야 한다. 내 가족, 지인들만 읽어 주는 책은 베스트셀러가 될 수 없다. 독자들이 관심 있고, 읽고 싶어 하는 주제를 조사해야 한다. 다음을 보며 한번 실행해 보자.

트렌드 파악하기

먼저 당신이 정한 책의 주제가 트렌드에 맞는지 생각해 보라. 트렌드를 파악하는 것은 책의 판매력을 결정하는 핵심이다. 첫 단추를 잘 끼워야 한다. 책을 어떤 방향으로 써야 할지, 어떤 트렌드에 맞춰야 할지를 생각하며 글을 써라.

- ✓ 현재 사회적인 이슈나 트렌드는 무엇인가?
- ✓ 내가 정한 책의 주제, 소재가 시장성이 있다고 생각하는 이유는?
- ✓ 경쟁 도서의 판매 순위, 판매 실적은?

책을 쓰기 전에 적어도 앞의 세 가지 항목은 충족해야 한다. 재고 처리가 안 돼 '쌓아 놓을' 책이 아니라 재고가 부족해 재쇄를 찍어 내는 '팔릴' 책을 만들기 위해서는 말이다.

시장성이 있는지 확인하는 것은 그리 어렵지 않다. YES 24, 알라딘, 교보문고 등의 온라인 서점에 당신이 쓰는 책의 주제와 비슷한 책을 검색해라. 그리고 순위를 확인해라. 판매 실적을 확인해 보는 것도 괜찮다. 판매 실적은 YES 24의 판매 지수, 알라딘의 Sales Point를 보면 알 수 있다. 정확한 도서판매 수량을 표시하는 것은 아니지만 얼마나 팔렸는지 대략적으로 파악할 순 있다. 온라인 서점뿐만 아니라 포털사이트, SNS를 적극적으로 활용하여 책의 주제, 소재 등을 검색해 최근 동향을 살피는 것도 추천한다.

유사 도서의 판매 순위, 판매 실적이 높다면 그 이유가 무엇일지 고민해라. 내 책이 경쟁 도서와 비교해 어떤 점에서 차별성을 갖추고 있는지, 그 차별성으로 출간이 되었을 때 경쟁력이 있을지 확실히 분석해야 한다. 내 책이 가진 장단점을 정리해 단점은 보완하고 장점은 극대화해야 한다.

타깃 정하기

트렌드 파악이 끝났다면 내 책의 타깃을 정할 차례다. 모든 독자에게 먹힐 책을 만들고 싶겠지만 타깃을 정하지 않으면 책의 내용이 모호해지기 쉽다. 독자가 한정되어 있으면 책 판매량도 그만큼 줄어들 것으로 생각하는가? 그렇지 않다. 일단 예상 독자를 설정하고, 이후에 다른 독자들로 확산시키며 판매량을 늘려야 한다.

모르는 사람이 없을 정도로 유명한 베스트셀러인 《아프니까 청춘이다》[7]도 그렇게 판매량을 늘려 나갔다. 《아프니까 청춘이다》의 타깃은 '불안한 미래로 힘들어하는 20대'였다. 그렇다면 20대만 이 책을 구매했을까? 처음엔 20대만 책을 구매했을지 모르지만 불안한 미래로 힘든 모든 사람들로 독자층이 퍼졌고 베스트셀러가 되었다.

'예상 독자 = 고객'이라고 생각하면 쉽다. 고객의 선택을 받지 못한 상품은 자연적으로 시장에서 도태된다. 타깃을 정하기 위해서 다음의 질문에 대한 답을 생각해 보라. 예상 독자의 성별은 무엇인가? 연령대는 어떻게 되는가? 그들이 원하는 것, 알고 싶은 것은 무엇인가?

답을 예측하기 어렵다면 대형서점에 가서 당신의 예상 독자들이 어떤 책 앞에서 걸음을 멈추는지 관찰하라. 그리고 '왜 저 책이 예상 독자들에게 인기가 많을까?' 이유를 생각해라. 다양한 서점을 여러 곳 가 보는 것도 중요하다. 더 많은 정보를 수집할수록 더 정확한 정보를 얻을 수 있다. 당신의 책이 베스트셀러가 되기 위해서 '자료 조사'는 기본 중의 기본이다.

정보의 홍수 속에서 자료 찾기

유사 도서의 필요성

분야도 정했고, 담고자 하는 메시지도 찾아냈고, 베스트셀러 분석도 끝났다면 이제 본격적인 작업에 착수할 차례다. 개인이 가진 지식과 경험만으로 한 권의 책을 완성하기는 어렵다.

자신의 주장을 탄탄하게 뒷받침해 줄 근거, 즉 다수에게 인증된 명확한 자료가 있어야 한다. 전문적인 정보를 얻을 수 있는 통로는 다양하다. 대표적으로 논문, 신문 및 잡지, 책, 인터넷, 방송을 예로 들 수 있다.

우선 자신이 쓰고자 하는 주제의 책을 찾아 읽어 보자. 책을 쓰는 데 적게는 몇십 권, 많게는 몇백 권을 참고하기도 한다. 참고 도서의 장단점 분석은 당연히 해야 하는 일이다. 거기에 자신의 생각을 덧붙여 살을 만들고 재창조하는 과정을 거치면 비로소 책이 되는 것이다.

'모방은 창조의 어머니'라 했다. 자기가 가진 지식이나 경험만 가지고 하나의 주제로 이야기를 풀어 나가기엔 부족할 수 있다. 다른 작가들도 똑같은 난관을 겪었을 것이다. 참고 도서를 읽는 다는 건 성공적으로 책을 출간한 선배의 도움을 받는다는 뜻이기도 하다. 물론 '모방'과 '표절'을 혼동해서는 안 된다. 이는 6장에서 자세히 다루기로 하겠다.

책이 정보를 접하는 친숙한 수단으로 자리 잡고 있기에 좀 더 상세히 설명하려고 한다. 앞서 말한 것처럼 그 밖에도 다양한 통로가 있으니 책을 쓸 때 도움이 될 만한 자료를 얻을 수 있다고 판단하면 가리지 말고 모두 참고해야 한다.

유사 도서를 선정하는 방법

서점에서 판매되는 수많은 책 속에서 유사 도서를 선정하는 데 어려움을 호소하는 분들을 위해 준비했다. 다음 순서에 따라 실행해 보라.

첫째, 유사 도서 목록을 만든다. 목록은 많이 확보할수록 유용하다. 최근에 발행된 도서부터 베스트셀러, 스테디셀러까지 두루 살펴봐야 한다. 쓰고자 하는 책이 최신 정보에 민감한 내용이라면 되도록 오래된 책은 제외하는 게 좋다.

둘째, 최종적으로 참고할 유사 도서를 20~30권 정도로 추린다. 여유가 된다면 그 이상을 참고해도 괜찮다. 전업 작가가 아닌 이상 일반적으로 학교나 회사에 다니면서 동시에 책을 쓰기 때문에 20~30권이 적당하다. 너무 욕심부리지 말고 소화할 수 있을 만큼만 읽도록 하자.

셋째, 노트에 장단점을 기록한다. 한두 권도 아니고 몇십 권에 관한 내용을 온전히 기억할 수는 없다. 차곡차곡 기록해 두어야 나중에 정리하기도 편하고 필요할 때 도움받을 수 있다. 장점은 취하고 단점은 버릴 수 있도록 꼼꼼하게 분석해서 적도록 하자. 웬만하면 책은 구입해서 읽기를 권한다. 그래야 밑줄을 긋고 포스트잇을 붙여서 그때그때 번뜩이는 아이디어를 놓치지 않을 수 있다.

어떤 매체를 통해 정보를 얻든 상관없지만 그 전에 정보를 선별할 수 있는 눈을 가졌는지 성찰할 필요는 있다. 지금은 인터넷만으로 지구 반대편 소식도 들을 수 있는 정보화 시대다. 궁금한 건 그 자리에서 검색 한 번으로 해소할 수 있을 정도로 과학 기술이 발달했다. 다시 말해 마음만 먹으면 관련 자료는 얼마든지 쉽게 구할 수 있다는 의미다.

하지만 그 정보가 올바른지 파악하는 건 본인에게 달렸다. 가진 자료가 아무리 많다고 해도 필요한 정보를 취사선택하지 못하면 아무 쓸모가 없다. 더군다나 정보는 시시각각 변한다. 우왕좌왕하다가 흐름을 놓치면 금세 뒤처지고 만다. 정보의 홍수에 휩쓸리지 않고 객관적으로 바라볼 수 있도록 올곧은 신념을 세우는 게 무엇보다 중요하다.

톡톡 튀는 출간기획서 작성법

"원고만 있으면 되는 거 아닌가요?"

이렇게 말하는 사람은 없기를 바란다. 출간기획서 작성 단계는 나를 위해서도, 출판사에 투고하기 위해서도 꼭 필요하다. 책 쓰기는 하루이틀 만에 끝낼 수 있는 일이 아니다. 최소 몇 개월에서 몇 년까지 장기전을 예상해야 한다. 대략적인 기한과 방향도 설정하지 않고 무작정 시작했다가는 내용이 산으로 갈지도 모른다. 게다가 끝이 보이지 않는 작업은 지치기 마련이다. 정해진 날짜에 어떤 목차를 기준으로 무엇을 쓸 것인지 한눈에 볼 수 있도록 도와주는 게 바로 출간기획서다. 계획이 구체적일수록 중간에 흔들리지 않고 '출간'이라는 목표에 도달할 확률이 높아진다.

출판사에 투고할 때도 반드시 출간기획서를 첨부해서 발송해야 한다. 출판사 직원은 들어온 원고 모두를 꼼꼼하게 정독할 만큼 시간이 많지 않다. 이메일 제목과 마찬가지로 출간기획서도 자신만의 차별화를 가져야 한다. 취업할 때를 떠올려 보자. 수십 수백 명이 제출하는 자기소개서를 인사담당자가 전부 다 읽을 거라고 생각하는가. 그렇지 않기 때문에 수많은 취업컨설턴트가 '첫 문장이 임팩트 있어야 한다' '핵심만 간결하게 전달해야 한다' '자기만의 개성이 드러나야 한다'고 강조하는 것이다.

출판사에 투고하는 것도 마찬가지다. '내 원고를 검토해야 하는 이유'를 출간기획서에 담아야 한다. 출간기획서가 흥미로우면 반드시 원고를 살펴보게 되어 있다. 즉, 출간기획서로 편집자를 사로잡아야 한다는 말이다. 작가 소개와 원고의 제목, 목차, 내용 등의 항목은 기본 중의 기본이다. 출판사에서 흔히 사용하는 기획서 양식은 다음과 같다.

'책쓰기'에 관한 책을 집필한다고 해 보자. 분야는 자기계발이나 인문이고, 타깃 독자는 책쓰기에 관심이 있는 사람일 것이다. 예상 페이지 수와 가격도 기재한다. 주제는 간단하고 명확할수록 좋고, 기획 의도는 좀 더 상세히 써야 한다. 이를테면 주제를 '누구나 작가가 될 수 있다'로, 기획 의도를 '작가라는 꿈을 꾸고 있으나 실질적인 책쓰기에 어려움을 느끼는 사람들을 위해 다년간 원고를 검토하고 출판한 경험을 바탕으로 이 책을 집필했다'로 말이다.

분야		타깃 독자	
페이지		정가	
제목			
부제			
주제			
기획 의도			
목차			
작가 소개			
경쟁 도서 분석			
차별화 전략			
마케팅 방안			

원고를 확인하지 않고도 대강의 내용을 유추할 수 있도록 목차도 넣는다. 신뢰성을 높이기 위해 작가 약력도 빼놓지 말자. 집필할 책과 유사한 도서를 분석한 결과와 그럼에도 불구하고 이 책이 가진 차별성을 강조하고, 마지막으로 작가가 할 수 있는 마케팅 방안도 소개해야 한다.

원고의 도용이나 유출을 우려하여 샘플원고로 극히 일부만 출간기획서에 첨부하여 투고하는 경우도 있다. 마음을 이해하지 못하는 건 아니지만 출판사 입장에서 생각하면 그 몇 페이지만으로 출판 여부를 판단하기는 어렵다. 대부분의 출판사는 투고가 들어오면 원고를 검토한 뒤 결과를 회신하고 정보를 폐기한다. 그러니 적어도 30페이지 이상, 이왕이면 원고 전체를 함께 송부하는 것을 추천한다.

자, 이제 자신이 기획한 원고를 가지고 출간기획서 양식 빈칸을 차근차근 채워 보길 바란다.

3장

글, 어떻게 써야 할까

주제가 있는 자리, 그곳이 어디든

내가 관심 있고 잘하는 것은 무엇인가?

책을 쓴다는 건 강단 위에 올라가 혼자 강연하는 것과 비슷하다. 지면을 통해서든 강연을 통해서든 내가 말하고 싶은 내용이 바로 '주제'가 된다. 말하고자 하는 바를 정확히 알아야만 오랜 시간 동안 지치지 않고 이야기를 이어 갈 수 있으며, 말하는 사람과 듣는 사람 모두가 납득할 만한 마무리를 지을 수 있다. 때문에 주제 선정은 쉬운 일이 아니다. 어떻게 하면 좋은 주제를 선정할 수 있을까? 지금부터 그 방법을 알아보자.

누군가에게 말을 건네기 가장 쉬운 이야깃거리는 자신이 가장 잘 아는 내용으로 이루어진 정보이다. 가장 잘 아는 내용이란 작가가 오랫동안 해 온 일일수록 특정하기 쉬워진다. 대표적인 참고 자료는 당신의 직업이며, 몇 년간 지속해 온 취미라고 할 수 있다. 또는 관심 있는 분야도 괜찮다.

아무것도 모르는 상태일지라도 공부를 한다면, 아는 것이 된다. 잘 모르지만 잘하고자 했던 것을 만족스럽게 마무리 짓게 되는 과정과 마찬가지이다. 이처럼 정확한 이론적 지식과 그것을 뒷받침해 줄 경험이 풍부하다면 무엇이든 괜찮다. 자신 있는 분야가 있다면 글감이 풍성해지는 건 시간문제다.

말하고자 하는 분야를 정했다면 이제 거기에 얽힌 나만의 비법을 공유하자. 특정 역량을 갖추기 위해 당신이 해 왔던 노력을 얘기하는 것도 괜찮다. 이미 가지고 있던 장단점을 이용해 그 분야에 어떻게 적용되는지를 보여 주는 건 어떤가? 어떤 이들이 일의 적성에 맞고 어떻게 하면 부족한 점을 보완할 수 있는지를 보여 주자. 이런 이야기들이 모여 입문서가 되고 실용서가 된다.

결국 중요한 건 내 경험이다

누군가에게 뽐낼 지식이 없는 것 같아도 기죽을 필요가 없다. 가장 좋은 소재는 '나'라는 그 자체이기 때문이다. 나만의 특별한 경험은 그 자체로 차별성을 가진다. 이제 내가 가진 것들을 중심으로 생각의 범위를 넓혀 보자.

내가 만났던 사람들은 누구이고 어떤 일이 있었는가? 내 약점(트라우마)은 무엇이고 어떻게 극복했는가? 내가 가 본 여행지는 어디인가? 어떤 루트를 추천하고 싶은가? 그리고 기억에 남는 에피소드는 무엇인가? 내 감정의 상태는 어떠하며 그것을 유지·전환하기 위해 어떤 일을 했는가? 다른 사람과 공유하고 싶은 자신의 인생 신조는 무엇이며, 독자를 설득하기 위해 어떤 이야기를 해야 하는가? 내 인생의 전환점은 무엇이었으며, 그 전후가 어떻게 달라졌는가?

스스로에게 던질 질문거리는 무궁무진하다. 이러한 질문들에 대한 답을 앞서 말한 '내가 관심 있고 잘하는 것'과 연관시키면 설득력을 높일 수 있다. 또한 지식 공유가 아닌 단순히 경험담의 나열일지라도 차별성을 가진다면 사람들을 몰입하게 한다.

소재는 참신할수록 좋지만, 진부하다 해도 하고 싶은 이야기가 있다면 머뭇거릴 필요가 없다. 이와 더불어 원고의 양식을 설명 글로 한정 지을 필요도 없다. 편지, 일기 등 여러 가지 형식이 있으며, 사진을 넣어 보충하는 것도 좋을 것이다.

확신이 들지 않는다면 돌이켜 생각하자

주제를 정했다 하더라도 누군가에게 읽힐 내용인지 확신이 들지 않을 때가 있다. 그렇다면 책을 실제로 읽을 독자들의 입장에서 점검 과정을 거쳐 보자.

첫째, 누가 내 책을 읽을 것인가. 예상 독자를 파악하는 일은 매우 중요하다. 누가 읽느냐에 따라 책을 쓰는 방식이나 마케팅의 방법이 달라지기 때문이다. **둘째, 내 책이 가지는 '차별성'은 무엇인가.** 같은 소재라 할지라도 차별성을 가진 주제는 사람들의 눈길을 이끈다. 시중에 판매되고 있는 비슷한 분야의 책과 비교해 보고 내 책이 가질 수 있는 특색을 찾아보자.

셋째, 독자의 관심을 끌 만큼 재미있는가. 독자의 입장에서 중요하다고 생각하는 요소 중 하나는 재미일 것이다. 어려운 내용일지라도 재치있게 풀어낸다면 독자의 선택을 받을 수 있다. 반면 아무리 가벼운 내용일지라도 복잡하게 서술한다면 독자들은 외면한다. 주장하고자 하는 내용은 현실성 있고 설득력이 있어야 한다. 허무맹랑한 소리는 독자들도 원치 않는다.

이 외에도 독자의 입장에서 생각해 볼 질문거리는 많을 것이다. 물론 스스로 질문하고 답하는 것이기 때문에 주관적일 수는 있다. 하지만 이러한 질문들에 대해 합격점을 받았다고 생각한다면 거기에 망설일 이유는 없다.

시간이 없다는 핑계는 그만

"바빠서 책 쓸 시간이 없어요."
"투자한 시간만큼 저에게 도움이 될까요?"

이렇게 생각하는 사람이 있다면 해 주고 싶은 말이 있다. "그거 다 핑계 아닌가요?" 정말 책 쓸 시간이 없는지 생각해 보라. 책쓰기에는 많은 투자도 필요하지 않다. 그저 종이와 펜 하나, 책쓰기에 들일 약간의 시간만 있으면 된다. 누구나 쓰고자 하면 책을 쓸 수 있다. 그러나 누구나 쓰지 않는다. 전문 작가가 아니어도 책을 쓰는 사람은 많다. 그들은 시간이 남아돌아서 책을 썼을까? 아니다. 그들은 자신의 가치를 높이기 위해 기꺼이 시간을 투자해서 책을 썼다. 이제 '퍼스널 브랜딩'의 시대이다. '나'를 브랜드로 내세워 경쟁사회에서 살아남아야 한다. '책쓰기'로 '퍼스널 브랜딩'에 성공하기 위해 시간을 쓰는 것을 아까워하지 마라. 대신 지치지 않기 위해 되도록 짧은 기간 안에 책쓰기를 완성하길 추천한다.

6개월 안에 초고 완성

초고 완성 기간은 어떻게 잡아야 할까? 기간을 예측하기 위해서는 원고의 분량이 어느 정도 되어야 하는지 알아야 한다. 보통 200자 원고지 기준 400~600매 정도를 써야 책 한 권이 완성된다. A4 용지 기준으로 100쪽 정도면 출판이 가능하다. 일주일에 5일 동안, 하루에 A4 1장을 쓴다고 치면 약 5개월, 넉넉잡아 6개월이면 초고를 완성할 수 있다. 하루에 딱 1시간 30분만 투자하여 A4 1장을 완성해라. 1시간 30분이 너무 길다면 30분부터 시작하라. 처음에는 30분으로 시작해서 책쓰기가 습관이 되면 시간을 늘려 1시간 30분을 목표 시간으로 정해 놓고 쓰면 된다.

초고는 본격적인 책쓰기의 첫 단계로 분량을 채운다는 생각으로 내용을 채워 나가라. 많은 시간을 들일 필요 없다. 초고 작성 단계에서 쓴 글은 수정하지 않는 것이 좋다. 중간에 계속 고치며 시간을 끌면 책쓰기 속도가 나지 않아 열정이 식기 쉽다. 어차피 퇴고의 단계를 거치며 수정해야 한다. 퓰리처상, 노벨문학상을 받은 명성 높은 작가 어니스트 헤밍웨이가 한 유명한 말이 있다. "초고는 쓰레기다." 초고는 쓰레기일 수밖에 없다. 완벽한 초고란 존재하지 않는다. 몇 번의 수정을 거치면 쓰레기도 보석이 될 수 있다. 완성도보다 기간 안에 마무리하는 것을 우선으로 생각해라. 초고는 가볍게 쓰고 퇴고의 단계에서 공을 들여 짜임새 있는 스토리를 완성하면 된다. 책쓰기는 단기 마라톤이다. 전체를 보고 페이스 조절을 잘해야 한다.

퇴고로 글 다듬기

초고를 완성했다면 이제 책쓰기에서 제일 힘든 '퇴고'라는 과정에 들어갈 차례다. 퇴고는 책을 완성도 있는 작품으로 만드는 다듬기 과정이다. 초고는 무조건 고쳐야 한다. 그것도 아주 많이! 퇴고 과정에서는 초고를 작성할 때와 달리 처음부터 끝까지 완성된 글을 고쳐 나가기 때문에 전체적인 구성을 고려하며 수정할 수 있다. 초반엔 독자의 관심을 불러일으켰는지, 마무리까지 동일한 주제를 충실하게 잘 이끌었는지 확인하며 큰 그림을 본다. 퇴고 작업에 들어가기 전에 잠시 기간을 두면 좋다. 초고와 멀어져야 새로운 시선으로 고칠 부분이 쉽게 눈에 띄기 때문이다.

퇴고할 때는 다음의 사항을 체크하라.

- ✓ 원고의 분량은 적당한가?
- ✓ 전체 주제에 맞지 않는 내용은 없는가?
- ✓ 주술 호응은 맞는가?
- ✓ 오탈자, 띄어쓰기 같은 맞춤법 오류는 없는가?
- ✓ 지명, 연도, 수치 등 사실관계는 정확한가?

위의 체크리스트를 고려하며 보아도 틀린 부분이 잘 보이지 않는다면 프린트하여 종이로 확인하고, 처음부터 끝까지 소리를 내 읽어 보는 것도 좋다. 신기하게도 컴퓨터 모니터로 봤을 때는 보이지 않던 새로운 오류가 눈에 띈다.

퇴고는 주어진 시간 안에 할 수 있을 만큼 많이 해라. 퇴고하면 할수록 좋은 책이 만들어진다. 퓰리처상을 받은 제임스 미치너는 이렇게 말했다. "나는 별로 좋은 작가가 아니다. 다만 남보다 자주 고쳐 쓸 뿐이다." 유명 작가도 끊임없이 고치는데, 하물며 초보 작가인 당신은 어떻겠는가. 더 이상 고칠 게 없다고 느껴질 때도 당신의 원고엔 고칠 부분이 있다. 그러니 출판사의 선택을 받고, 베스트셀러가 되고 싶다면 고치고 고쳐라.

욕심부리지 말고 조금씩 매일 써라

본격적으로 책을 쓰기 위해 책상 앞에 앉은 당신, 자료도 충분히 모았고, 경쟁 도서도 분석했으며, 목차 구성도 끝냈지만 '그 많은 분량을 언제 다 쓰지?' 하며 막막하지는 않은가? 때문에 책 한 권을 완성하기 위해서는 '글쓰기 습관'을 만드는 것이 중요하다. 다음을 따라 하며 차근차근 습관을 만들어 나가자.

하루에 딱 30분

책쓰기가 처음인 사람에게는 일단 하루에 30분만 써 보라고 말하고 싶다. 더도 말고 덜도 말고 딱 30분! 책을 쓰겠다는 열정이 넘치는 초기에는 하루에 3~4시간 정도야 투자할 수 있다고 생각하기 쉽다. 그러나 처음부터 과한 목표를 설정하면 빨리 지치게 되고 책을 쓰는 시간이 스트레스로 다가온다. 책쓰기는 조금씩 '꾸준히' 해 나가야 한다. 매일 당연히 해야 하는 일이 되어야 '작가'라는 목표를 달성할 수 있다.

물론 언제까지나 하루에 30분만 쓰라는 말은 아니다. 하루에 30분만 책쓰기에 투자한다면 당신의 책은 몇 년이 지나도 완성되지 못할 테니 말이다. 처음에는 부담 없이 하루 30분으로 시작해 점점 1시간, 1시간 30분……. 이렇게 30분 단위로 시간을 늘려라. 글쓰기가 습관이 될 때까지 조금씩 시간을 늘려 나가는 거다. 처음에는 습관을 만들어야 한다.

목표량은 무조건 달성하기

목표를 작게 잡은 만큼 그 목표량은 꼭 달성해야 한다. 시간적 여유가 없는 직장인이라면 주중 업무가 끝난 후 다른 일을 위한 시간을 마련하기 어렵다. 갑자기 회식을 하게 될 수도 있고, 업무량에 치여 야근을 할 수도 있다. 그래도 무조건 목표량은 달성하겠다는 마음가짐이 필요하다. 한두 번 자신과의 약속을 지키지 않고 나면 책쓰기는 정말 지킬 수 없는 먼 꿈이 되어 버릴지 모른다.

회식, 야근, 약속으로 인해 그날 목표량을 채우지 못했다면 새벽에 일찍 일어나서라도 목표량을 달성하며 마음을 다잡아야 한다. 저녁 약속이 잦다면 아예 새벽 시간을 책쓰기 시간으로 정하는 것을 추천한다. 목표량을 달성하지 못하면 '모든 노력이 물거품이 되어 버린다'는 생각으로 책상 앞에 앉아라. 매일 쓰는 것이 힘들다면 하루 이틀 쉬는 날을 정해 재충전의 시간을 갖는 것도 좋다. 물론 불가피한 상황이 아니라 조절이 가능한 모임, 술 약속은 어느 정도 포기해야 한다.

당신에게 주어진 시간은 한정적이다. 그 시간을 어떻게 활용하느냐에 따라 인생이 달라진다. 당신의 이름으로 된 책 한 권은 앞으로의 인생에 어마어마한 도움이 될 것이다. 눈앞의 유혹에 넘어가 행복할 미래를 불행하게 바꾸지 마라.

첫 문장은 가볍게 쓰기

하루 목표량 달성을 위해 책상 앞에 앉았다면 당신은 이미 성공이다. 그렇지만 책 쓰는 것이 그리 쉬울 리 없다. 첫 문장부터 막혀 시작조차 하지 못하는 당신을 발견할 것이다. 첫 문장을 쓰기 어려운 이유는 첫 문장에 많은 중점을 두기 때문이다. 일단 써라. 생각나는 것을 쓰고 글을 덧붙이며 나중에 다른 문장으로 수정해도 된다. 아니 어차피 퇴고의 퇴고를 거듭하며 수정해야 한다. 부담 없이 시작해라. 오히려 첫 문장부터 무겁게 시작하면 다음 문장을 이어 나가기 어렵다.

그래도 어떻게 써야 할지 모르겠다면 다른 경쟁 도서를 읽고 또 읽어라. 최대한 많은 자료를 찾고 읽으며 내 것으로 만들어라. 평소 책을 쓰지 않을 때도 생각 정리를 하며 메모해라. 틈틈이 적어 놓은 메모는 모두 책을 쓸 때 자양분이 된다. 책쓰기를 위해 정해 둔 시간을 알차게 활용하려면 많이 읽고 많이 생각해야 한다.

잘 쓴 글은 쉽게 읽힌다

잘 쓰인 글이란 어떤 글일까? 복잡하고 화려한 수사법, 잘나가는 시인도 감탄할 문학성, 현란한 기교로 가득한 글이 잘 쓰인 글일까?

설령 문학작품일지라도 과도한 기교는 독이 된다. 잘 쓰인 글이란 기교가 화려한 글이 아니라, '쉽게 읽히는 글'이다. 그리고 쉽게 읽히는 글이란 '가독성 있는 글'을 의미한다. 글의 가독성을 높이는 데 가장 중요한 점은 두 가지이다. '최대한 쉽게 써라, 특히나 문장은 간결하게 써라'. 글을 쓰는 목적은 자신의 생각을 독자에게 전달하는 데 있다는 것을 항상 상기해야 한다.

최대한 '쉽게 써라'

일단 한 가지 물어보고 싶다. 지금 쓰고 있는 원고의 예상 독자는 누구인가? 예상 독자 설정은 구체적일수록 좋다. 하지만 예상 독자의 범위가 아무리 협소하더라도 결국 큰 범위를 따지자면 '대중'의 일부이다. 때문에 최대한 '쉽게' 쓰는 것이 중요하다. 《바보아저씨의 경제 이야기》[8] 시리즈는 큰 상업적 홍보 없이 입소문만으로 출간 2개월 만에 10위권 경제 베스트셀러에 진입하였으며, 출간 후 50주 이상 연속 베스트셀러 순위를 유지하며 스테디셀러로 독자들의 꾸준한 사랑을 받았다.

《바보아저씨의 경제 이야기》가 다수의 독자들에게 사랑받는 이유는 무엇일까? 바로 어려운 경제 이야기를 '쉽게 풀어내어' 설명했기 때문이다. 만약 바보아저씨가 '전월세 구하는 방법, 금전대차, 노후 부동산' 등의 내용을 이해도 되지 않는 이론부터 설명했으면 어땠을까? 아마 지금처럼 큰 사랑을 받지는 못했을 것이다.

《바보아저씨의 경제 이야기》 시리즈의 성공 요인은 '경제 이야기를 쉽게 풀어 썼다'에 있다. 어려운 이론을 제하고 자신의 경험을 바탕으로 중학생도 알아들을 수 있도록 글을 서술한다. 이처럼 쉽게 읽히는 글을 쓰기 위해서는 어려운 내용을 쉽게 풀어서 전달하는 것이 중요하다.

《바보아저씨의 경제 이야기》 시리즈

쉽게 쓰기 위해서는 단어 자체도 쉬워야 한다. 전문성을 부각하기 위해 어려운 용어를 사용하는 경우가 많은데 이는 실패로 향하는 지름길이다. 전문 용어는 보다 쉬운 용어로 대체하거나 풀어 쓰는 것이 좋다. 이해를 돕기 위한 것이 아니라면 어려운 한자어나 영어는 되도록 쓰지 말자. 읽는 흐름을 망칠뿐더러 문장의 간결성 또한 떨어지게 된다.

문장은 '간결하게' 하라

출근길에 사람이 너무 많았는데 꼭 보고 싶은 유튜브 영상이 있어서 틀었지만 와이파이는 먹통이었고 확인해 보니 데이터도 바닥이었다.

이 한 문장이 담고 있는 정보는 몇 가지일까. 출근길에 사람이 많다. 화자는 꼭 보고 싶은 유튜브 영상이 있다. 지하철의 와이파이는 먹통이다. 화자의 데이터도 바닥이다……. 한 문장에는 너무 많은 정보가 담겨 있으면 안 된다. 글도 말과 같이 '호흡'이 중요하다. 위의 예시 문장은 휴식 없이 계속 질주하는 마라톤과 진배없다. 당연히 독자는 글을 읽는 도중 지쳐 버린다. 도착점을 찾지 못하듯 당신이 강조하고자 하는 '핵심' 또한 놓쳐 버리고 말 것이다. 한 문장은 최대 2줄을 넘기지 않는 것이 좋다.

출근길에 사람이 너무 많았다. 하지만 꼭 보고 싶은 유튜브 영상이 있었다. 그래서 그 영상을 틀었다. 하지만, 와이파이는 먹통이었다. 그리고 확인해 보니 데이터도 바닥이었다.

위의 예시는 어떨까? 한 문장이 짧고 하나의 메시지만을 담고 있다. 하지만 어쩐지 복잡해 보인다. 이유가 무엇일까? 바로 '접속사' 때문이다. 접속사는 '단어와 단어, 구절과 구절, 문장과 문장을 이어 주는 구실을 하는 문장 성분[9]'이다. 접속사는 글을 매끄럽게 한다는 장점이 있으나 과도하게 사용할 경우 글이 복잡해진다는 단점이 있다. 초고는 접속사를 이용하여 작성하는 것이 더 편할 것이다. 하지만 필요 없는 접속사는 퇴고 단계에서 모두 삭제하는 것이 좋다.

출근길에 사람이 너무 많았다. 하지만 꼭 보고 싶은 유튜브 영상이 있었다. 영상을 틀었는데 와이파이가 먹통이다. 확인해 보니 데이터도 바닥이었다.

'최대한 쉽게, 특히나 문장은 간결하게 써야' 잘 쓰인 글이다. 짧게 쓴 문장은 퇴고 시간도 배로 줄여 준다. 무조건 어렵게 쓴 글이 좋은 글은 아니다. 이 두 가지 원칙을 기억하면 독자에게 한 발자국 더 가깝게 다가갈 수 있을 것이다.

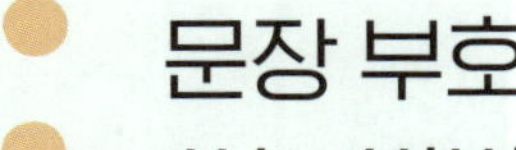

문장 부호 쓰는 방법

글을 쓰는 사람이라면 문장 부호 쓰는 방법도 잘 숙지해 놓아야 한다. 문장 부호는 단순히 문장을 예쁘고 정갈하게 정리하는 수단이 아니다. 문장 부호 하나가 단어와 단어 사이의 뜻을 다르게 하기도 한다.

심지어 마침표도 쓰는 방법이 있고 원칙이 정해져 있다. 문장 부호도 맞춤법이나 띄어쓰기처럼 변수가 많다. 이제부터 '자주 사용하고 잘 틀리는 문장 부호'를 바르게 사용하는 방법을 알아보자.

마침표.

- 제목 : 가을 하늘은 높다
- “크리스마스에 눈이 왔으면 좋겠어요.”라고 말했다.
- 1998. 01. 23.

마침표를 사용할 때 가장 헷갈리는 세 가지 예시이다. 제목이 ‘다’로 끝나면 마침표를 넣어야 할까 빼야 할까? 답은 빼는 것이다. 제목을 표기할 때는 마침표를 쓰지 않는 것이 원칙이다. ‘“크리스마스에 눈이 왔으면 좋겠어요.”라고 말했다.’ 같이 인용구에 들어간 글에는 마침표를 넣는 것이 원칙이다. 하지만 이 경우 빼는 것도 허용한다. 때문에 원고 인용구에 마침표를 넣었다면 모두 넣어 통일해야 하고 반대로 뺐다면 모두 빼서 통일해야 한다. 날짜를 표기할 때도 알아 두어야 하는 점이 있다. 우선 특정 날짜 3.1운동이나 5.18민주화운동은 월과 일 사이에 마침표(.)나 가운뎃점(·)을 쓴다. 날짜를 적을 때 가장 헷갈리는 점이 연월일을 표기할 때다. ‘1998. 01. 23.’과 ‘1998. 01. 23’ 둘 중 뭐가 맞을까? 마지막에 마침표를 넣어야 하나 말아야 하나. 생각할수록 어렵지만, 이 경우 마침표를 넣어서 표기하는 것이 맞다.

쉼표,

- 첫 번째, 집에 오면 손부터 씻는다.
- 지은아, 밥 먹었어?/응, 먹었어!
- 지금 도착했어요, 할머니.

쉼표는 기본적으로 단어와 단어를 구분하거나 나열할 때 쓴다. 그래서인지 매끄럽게 흘러가는 문장에서 빼먹는 실수를 하게 된다. '첫 번째'와 같이 순서를 나타내는 글을 쓰게 되면 위의 예시처럼 쉼표를 쓰는 게 좋다. 누군가를 부를 때와 답할 때 바로 뒤에 이어지는 문장이 나오면 쉼표를 쓰고 문장을 표기해야 한다. 예시에서 보여 주는 문장처럼 마침표를 찍어야 하는 순간에 뒤에 있는 말이 앞과 이어지면 마침표를 찍어야 할지 난감하다. 이때는 마침표가 아닌 쉼표를 찍고 뒤에 마침표를 찍어 주면 된다.

「홑낫표」〈홑화살괄호〉

- 「한국을 빛낸 100명의 위인들」
- 〈한국을 빛낸 100명의 위인들〉

가장 많이 틀리고 또 잘 모르는 문장 부호는 홑·겹낫표와 홑·겹화살괄호이다. 문장에서 글을 보기 좋게 정리하거나 구별하기 위해 사용하는데 역시 정해진 원칙과 쓰는 방법이 있다. 우선 홑낫표와 겹낫표, 홑화살괄호와 겹화살괄호는 각각 쓰임이 같다. 그런데 왜 부호가 두 가지일까? 우리는 현재 가로쓰기를 기본으로 하지만 옛날에는 세로쓰기를 기본으로 했다. 가로쓰기와 세로쓰기는 모양이 완전히 다르다. 그래서 이 부호가 두 가지인 거다. '낫표'는 세로쓰기일 때 쓰고 '화살괄호'는 가로쓰기일 때 쓴다.

홑낫표와 홑화살괄호는 책 형태가 아닌 책으로 만들기 어려운 작품의 이름을 쓸 때 사용한다. 〈한국을 빛낸 100명의 위인들〉처럼 노래 제목이나 연극, 영화, 티브이 프로그램, 논문 등을 표기할 때 쓰인다. 홑낫표와 홑화살괄호를 쓸 때 하나 더 숙지하였으면 하는 게 있다. 바로 '시'이다. 하나의 시는 책이 될 수 없다. 그렇기에 홑낫표나 홑화살괄호를 쓴다. 시와 시가 모여 출간된 시집은 겹낫표나 겹화살괄호를 쓴다. 예를 들면, 윤동주 시인의 《하늘과 바람과 별과 시》는 시집이기 때문에 겹화살괄호를 사용하고, 〈별 헤는 밤〉은 하나의 시이기 때문에 홑화살괄호를 써야 한다.

『겹낫표』《겹화살괄호》

- ✓ 『아낌없이 주는 나무』
- ✓ 《아낌없이 주는 나무》
- ✓ 《바른일보》의 〈역대 최고 기온으로 시민들의……〉 기사에서……

겹낫표나 겹화살괄호는 '글이 모여 하나로 묶인 형태'인 책이나 신문의 제목을 쓸 때 사용한다. 신문에 대한 글을 쓸 때 신문 이름은 《바른일보》로 표기하고 신문의 헤드라인, 기사의 제목은 홑낫표와 홑화살괄호로 〈역대 최고 기온으로 시민들의……〉으로 쓴다.

내가 쓴 글 내가 다듬기

초고를 완성했다면 이제 글을 고치고 다듬을 차례다. "글쓰기는 '한 번 생각하고, 두 번 쓰고, 세 번 고쳐라'의 과정을 거쳐야 한다"라는 말이 있다. 앞서 잘 쓴 글은 쉽게 읽힌다고 말했다. 쉽게 읽히는 글, 즉 걸리는 부분 없이 매끄럽게 술술 읽히는 글을 쓰려면 세 번 고치고 네 번 다듬어야 한다. 그렇다면 '고치기'와 '다듬기'의 차이는 무엇일까?

원고의 분량 추가와 삭제, 띄어쓰기나 맞춤법, 사실관계 파악처럼 명확한 기준선이나 답이 있어 맞고 틀리고를 따질 수 있는 부분을 수정하는 것은 '고치기'라고 말할 수 있다. 그중에서도 문맥에 맞지 않는 단어나 맞춤법을 수정하거나, 내용의 오류가 있는지 검열하는 것을 '교열'이라 한다. '다듬기'는 가독성을 위해 어휘나 문장을 매끄럽게 만드는 작업으로 '윤문'이라고 하는데, 원칙이나 정답이 있는 것은 아니기에 교정자의 기본적인 글쓰기 능력이 필요한 부분이다. 이 때문에 헷갈리거나 모르는 점이 생길 때 사전을 찾아보기도, 남에게 물어보기도 쉽지 않다. 하지만 정해진 정답은 없어도 주의해야 할 점은 있지 않겠는가. 글을 다듬을 때 주의해야 할 표현을 알아보자.

가벼울수록 잘 읽힌다 : '의 · 적 · 를' 삭제하기

1. 겨울의 바다에서 맞는 아침.
2. 국민의 대다수가 축제를 즐긴다.
3. 국가적 재난이 발생했다.
4. 우리는 문화적 차이를 극복했다.
5. 네가 행복하기를 바란다.

위의 다섯 가지 문장을 읽어 보자. 혹시 이 짧은 문장을 읽는 와중에도 어딘가 턱턱 걸리는 부분이 있진 않은가? 그 이유는 굳이 없어도 되는 조사의 사용 때문이다. 무심결 쓰는 조사는 문장을 무겁게 만들고, 당연하게도 무거운 문장은 절대로 가볍게 읽히지 않는다.

물론 조사를 붙였다고 틀린 문장이라고 할 수는 없다. 조사는 필요한 곳에 붙어 다른 말과의 문법적 관계를 표시하거나, 강조하는 뜻을 나타내기도 한다. 하지만 불필요한 조사 때문에 문장이 어색해진다면 과감히 삭제하는 용기가 필요하다. 아래 문장들처럼 말이다.

1. 겨울 바다에서 맞는 아침.
2. 국민 대다수가 축제를 즐긴다.
3. 국가 재난이 발생했다.
4. 우리는 문화 차이를 극복했다.
5. 네가 행복하기 바란다.

조사 '의' '적' '를'을 삭제했지만 문장이 이상하게 보이지도, 뜻이 변하지도 않았다. 오히려 불필요한 부분이 없어져 중요한 부분이 명확히 보이고 글을 이해하기까지 걸리는 시간이 단축된다.

많을수록 빼야 한다 : 접미사 '들' 삭제하기

다음 다섯 문장에서 공통적으로 포함된 단어가 보이는가? 바로 문장의 주어가 복수임을 나타내는 접미사 '들'이다. 영어를 그대로 번역하다 보니 원칙 없이 사용하는 경우가 흔히 있다. 특히

1. 그 책의 작가들 중 한 명은 우리 어머니다.
2. 성공한 사람들 중 대부분은 일찍 일어나는 습관을 지니고 있다.
3. 그것은 수많은 노래들 중 하나일 뿐이다.
4. 각각의 과일들마다 포함하는 영양소가 다르다.
5. 내가 읽었던 책들 중 많은 것에는 유용한 정보가 담겨 있었다.

1, 2, 3, 5번 문장처럼 '여럿의 가운데'라는 뜻을 지닌 의존명사 '중' 앞에 접미사 '들'을 사용한다면 복수의 의미가 겹쳐 더욱 어색한 문장이 되니 조심하자. 또한, 4번 문장의 '각각' 또한 그 자체로 복수의 뜻을 지니고 있으므로 '들'을 사용할 이유가 없다.

문장을 자연스럽게 고치면 다음과 같다.

1. 그 책의 작가 중 한 명은 우리 어머니다.
2. 성공한 사람 중 대부분은 일찍 일어나는 습관을 지니고 있다.
3. 그것은 수많은 노래 중 하나일 뿐이다.
4. 각각의 과일마다 포함하는 영양소가 다르다.
5. 내가 읽었던 책 중 많은 것에는 유용한 정보가 담겨 있었다.

4장

책,
어떻게 만들어야 할까

제목이 구매를 좌우한다

독자의 입장에서 생각하기

책을 어떤 방향으로 쓸지 정했다면 이제 실전에 들어갈 차례다. '책쓰기'가 막막하게 느껴질 수도 있겠지만 일단 한번 써 보는 것이 중요하다. 몇 가지 원칙만 따른다면 어느새 책 한 권을 완성한 자신을 발견하게 될 것이다.

먼저 제목의 중요성을 강조하고 싶다. '제목'은 책의 첫인상이다. 일단 제목을 잘 지어 놓고 제목과 어울리는 표지로 독자의 관심을 끌어야 한다. 왜냐하면 독자는 책 제목으로 책의 이미지를 결정하기 때문이다. 독자가 책을 펼쳐 보게 하려면 제목이 독자의 마음에 들어야 한다. 아무리 내용을 탄탄하고 좋게 구성해봐야 독자가 펼쳐 보지 않는다면 무슨 소용이 있겠는가. '제목'은 독자를 구매로 이끌기 위한 필수적인 요소다. 그렇다면 좋은 제목은 어떻게 짓는 것일까?

책을 구매하는 것은 독자다. 그러니 작가는 독자의 입장에서 그들의 니즈, 관심사를 제목에 담아야 한다. 나만 아는 전문 지식을 제목에 담으려 하지 마라. 제목은 무조건 독자들이 '알기 쉽게' 지어라. 그리고 이 책을 구매함으로써 독자에게 어떤 점에서 도움이 될지 알려 줘라.

예를 들어《스타트업 펀드레이징 전략 – 투자받는 기업의 조건》[10]은 이 책이 어떤 정보를 담고 있는지 독자들에게 직관적으로 전달한다. 스타트업에 관심 있는 사람의 시선을 끌 만한 제목이다. 작가는 '펀드레이징'이라는 단어에 익숙하지 않은 독자들을 위해 '투자받는 기업의 조건'이라는 부제를 통해 책의 내용을 알기 쉽게 전달하였다.《우리는 왜 매번 경제위기를 겪어야 하는가?》[11]의 제목은 반복되는 경제위기에 의문점을 갖고 있던 독자들의 흥미를 불러일으킬 수 있다. 제목을 지을 때는 책을 사고 싶게끔 독자의 구매 욕구를 자극해야 한다.

《스타트업 펀드레이징 전략 - 투자받는 기업의 조건》,
《우리는 왜 매번 경제위기를 겪어야 하는가?》

일단 적어 보기

누구나 책의 내용, 주제를 함축적으로 표현하면서도 독자의 관심을 끄는 제목을 원할 것이다. 모든 일에는 노력이 필요한 법이다. 하루아침에 뚝딱 이루어지는 것은 없다. 제목을 짓는 일에도 수없이 많은 노력, 연습이 필요하다. 일단 손에 잡히는 대로 많이 읽어라. 내 책의 경쟁 도서뿐만 아니라 신문, 잡지, 베스트셀러를 읽으며 인상 깊은 문구를 메모해라. 영화, 드라마와 같은 영상 매체도 챙겨 보며 수집할 수 있는 모든 자료를 모아야 한다.

이때 모은 자료들은 제목, 부제, 카피를 정할 때 아주 큰 도움이 된다. 자료 수집이 끝났다면 당신의 머릿속에 있는 제목을 최대한 많이 적어라. 여기서 중요한 것은 '최대한 많이' 적어야 한다는 점이다. 닥치는 대로 적어라. 당신이 채울 수 있을 만큼 종이를 가득 채워라. 그리고 다음의 항목을 고려하여 해당하지 않는 것을 버리면 된다.

- ✓ **책의 내용, 장점**을 잘 나타내는가?
- ✓ **예상 독자**에 맞는 제목인가?
- ✓ **독자의 시선**을 끌 수 있는가?

남은 제목들에서 핵심 단어를 뽑고, 다시 조합해 보며 발전해 나가야 한다. 이 과정을 반복하면 할수록 좋은 제목이 나온다.

카피 작성법

독자가 책 제목, 표지 다음으로 보는 것이 바로 카피다. 카피는 책 구매를 망설이는 독자를 유혹하는 좋은 수단이다. 카피를 작성할 때에도 제목을 정할 때와 같이 위에서 소개한 방법을 적용하면 된다.

노골적으로 독자가 원하는 것을 제시하여 독자가 이 책을 통해 자신에게 도움이 될 정보를 얻을 수 있다는 것을 알려 주는 것도 좋다. '~하는 사람에게 추천하는 책' 등의 카피로 책을 읽어야 할 대상을 특정하면 그 대상에게 선물하기 좋은 책으로 비칠 수 있다.

첫인상이 중요하다. 소개팅을 받아 상대방의 사진을 처음 보았는데 마음에 들지 않는다면 당신 같으면 만나 보겠는가? 제목과 카피가 독자의 니즈에 충족되면 독자는 그제야 책의 목차, 내용을 살핀다. 독자에게 좋은 첫인상으로 다가가기 위해서는 제목, 카피에 공을 들여야 한다.

짜임새 있는 목차 구성법

목차는 책의 뼈대나 마찬가지다. 뼈대를 탄탄히 세우고 책 내용으로 살을 붙여 나간다고 생각하면 된다. 뼈대가 제대로 세워지지 않는다면 책 한 권을 완성하기 힘들뿐더러 전체 구성이 망가질 수 있다.

목차 구성에 실패하여 용두사미로 끝난 책들이 한두 권이 아니다. 자기계발 서적이 뒤로 갈수록 자서전으로 변해 가는 경우는 생각보다 많다. 한 가지 주제를 마지막까지 잘 끌고 가기 위해서는 목차를 잘 구성하는 것이 중요하다.

책의 내용 요약하기

제목, 카피가 독자들을 유혹하는 역할을 한다면 목차는 책의 내용을 한눈에 보여 주는 가이드라인 역할을 한다. 무슨 내용이 담겼는지 독자에게 간략하게 소개하는 부분이기 때문에 책의 내용을 잘 요약하는 것이 중요하다.

목차가 부실하면 책의 내용이 아무리 좋아도 독자들의 선택을 받기 어렵다. 제목, 카피에 혹해 책을 집어 든 독자가 구체적인 내용이 궁금해 목차를 살펴보았는데, 목차가 엉성하다면? 바로 당신의 책을 내려놓을 것이다. 독자는 물론 출판사의 선택도 받을 수 없다. 빈약한 목차를 보고 바로 당신의 원고를 '휴지통'으로 옮길지도 모른다. 공들여 쌓은 탑을 '빈약한 목차'로 무너뜨리지 마라. 독자, 출판사의 선택을 받기 위한 목차를 구성하기 위해 아래의 내용은 필수적으로 지켜져야 한다.

목차는 제목, 카피보다 구체적이면서도 내용에 충실해야 한다. 독자에게 독자가 원하는 정보가 들어 있다는 것을 인식시키며 구매를 유도하라.

- ✓ 책의 내용을 모두 담았는가?
- ✓ 잘 읽히는가?
- ✓ 재미있고 이해하기 쉽게 구성됐는가?

목차 구성의 기본

처음 책을 쓰는 작가라면 목차를 어떻게 구성해야 할지 도통 감이 잡히지 않을 수 있다. 보통 목차에는 '장(부)제목'과 '소제목'을 싣는다. 소제목의 하위 제목까지는 넣지 않는 것이 일반적이다. 장제목은 일반적으로 5~6개이지만 더 추가해도 상관은 없다. 그러나 장의 개수가 많아질수록 장제목을 정하는 것이 힘들어지니 적당한 개수로 설정하는 것이 좋다.

먼저 책을 통해 던지고 싶은 중심 메시지가 무엇인지 생각해 본 뒤, 그 메시지를 중심으로 장제목을 정한다. 모든 글에는 기승전결이 있듯이 장제목을 구성할 때도 기승전결을 생각해야 한다. 글의 시작과 끝을 고려하며 장제목을 정하되 마지막 장은 결론의 역할을 하며 책의 전체적인 주제를 다루도록 한다. 장제목을 먼저 정한 뒤 그 제목에 포함될 내용을 정리하며 소제목을 구성하면 된다.

다음으로 장제목, 소제목을 정할 때는 '통일성'을 지켜야 한다. 목차가 통일되지 않고 제각각이면 안 된다. 각 장의 작은 제목 개수도 비슷하게 맞춰 준다.

목차 구성에 도움이 될 책 한 권을 소개한다. 《본질은 조직문화다》[12]라는 책을 예시로 보면 각 부의 제목이 '왜'로 시작하며 통일되었고, 유기적으로 잘 연결되었다. 마지막으로 6부 '왜 끝없는 여정인가'에서는 조직문화의 중요성을 다시 강조하며 전체적인 주제를 아우른다. 다음의 목차를 참고하여 목차를 구성해 보자.

서문 : 왜 조직문화인가

1부 왜 적응이 힘든가

제도를 대신하는 문화

똑똑한 해결책, 제도적 접근

조직 적응의 핵심은 문화 적응

문화적 토대를 탐험하라!

목표는 바뀌어도 문화는 지킨다

새로운 식구 맞이하기

2부 왜 쉽게 지치는가

조직문화? 까짓거 만들면 되잖아?

종결욕구에 지배당한 조직

불안한 마음과 조직문화

자연스럽게 자연스러움을 설계하기

기대감에서 오는 인지부조화

어긋난 기대감과 번아웃

3부 왜 서로 안 맞는가

큰 목표 전에 작은 것부터!

'관태기' 세대와 관계 맺기

어서 와, 조직은 처음이지?

관심은 OK, 관계는 글쎄

당연함이 당연하지 않으면 세대 차이

편하게 일하면 안 된다는 '법' 있나요?

비제도적 접근, 공동의 경험

인터넷에서 배우는 조직문화

면역력을 저하시키는 SNS

갈수록 복잡해지는 조직

4부 왜 조직의 위기인가

조직의 체계화, 위계 중심 vs 역할 중심

수직, 수평보다 중요한 '결과책임성'

구글의 팀워크(Feat. 인간미)

개인의 실패를 수용하는 조직

추락하는 조직엔 블랙박스가 없다

조직형태보다 인격적 관계 먼저

조직이 직면한 거대한 위기

꼭 조직을 만들어야 합니까?

5부 왜 문화적 접근인가

좋은 경험을 만드는 인내심

나의 '정신병' 이야기

진정한 쉼을 찾아서

뇌가 쉰다는 의미는 무엇?

개인과 조직 모두 좋은 워라밸이란

로또보다 얇고 긴 행복

노동이 활동이 되는 순간

말이 안 통해도 소통은 가능하다!

선한 리더 아래 피곤한 조직원들

6부 왜 끝없는 여정인가

강한 유대감의 끈, 슈퍼비전

마지막 고민, 나는 누구인가

제도와 문화의 균형적 혁명

100년 가는 조직을 꿈꾼다면

후기 : 왜 조직문화를 고민했나

작가 소개, 프롤로그와 에필로그 쓰기

본문 작업 이후에는 '작가 소개'와 '프롤로그' 그리고 '에필로그'를 써야 한다. '독자에게 어필'하기 위해서는 위 세 가지에 공을 들여야 한다. 독자들은 몇 가지의 키워드를 보고 책을 고르지만, 그 키워드에 해당하는 모든 책을 구매하지는 않는다. 또한, 본문만으로는 책을 전체적으로 파악하기 어렵고 그 내용도 방대하다. 그럼 독자들의 책장에 내 책이 자리 잡게 하기 위해서는 어떻게 해야 할까? 바로 앞서 말한 세 가지에 정답이 있다. 이제 어떤 내용으로 작가 소개, 에필로그와 프롤로그를 쓸지 알아보도록 하자.

작가 소개, 무엇을 소개하는가?

작가 소개란 자기소개서 또는 이력서 작성과는 그 방향을 조금 달리한다. 모든 정보를 나열하는 것이 아닌 책과 관련된 정보만을 뽑아 정리하는 것이기 때문이다. 이러한 특징 때문에 일종의 설득력을 높여 주는 장치라고도 할 수 있다.

보통 책을 구매하려는 이들은 일반인이 쓴 책보단 이왕이면 전문가가 집필한 책을 더 선호할 것이다. 이 때문에 책의 주제와 관련된 수상 내역이나 학력, 또는 어떠한 매체에 소개된 적이 있다면 그 이력은 꼭 표기하는 것이 좋다. 소설가나 시인, 예술가라면 출간된 적이 있는 전작이나 지금 출간하는 작품을 설명하는 글도 괜찮다. 약력으로 적어 넣는 방식도 있고 이야기하듯 줄글 형식으로 작성하는 방식도 있을 것이다. 이 부분은 자신이 쓴 책의 분위기에 맞게 선택하면 된다.

잘 쓰인 작가 소개는 출판사에서도 좋아한다. 처음 원고를 투고하는 작가라면 출판사의 시선을 사로잡을 매력적인 소개가 필요하다. 앞서 말했듯이 원고와 관련된 지식과 경험 위주로 작성하되 그 전문성을 의심하게 만드는 요소는 사전에 차단하자. 말하고자 하는 내용과 다른 분야의 책을 출간한 정보도 잠시 넣어두는 편이 좋을 것이다. 만약 본인에게 전문성을 어필할 학력 같은 것이 없다면, 자신이 그 책을 쓰기까지 어떤 노력을 해 왔는지 써 보는 것도 출판사를 설득하는 데 도움이 될 것이다.

프롤로그와 에필로그, 짧은 글로 요약하기

—

작가 소개가 전문성 위주로 자신을 나타냈다면 프롤로그와 에필로그는 본문의 요약이자 못다 한 말을 하는 구역이다. 자신이 말하고자 하는 바를 뚜렷하게 강조할 수 있기 때문에 독자들이 책을 구매하게 만드는 최고의 포인트가 될 것이다.

프롤로그에는 '이 책의 메시지가 무엇인지, 누가 이 책을 읽을 것인지(예상 독자), 그리고 이 책을 통해서 독자가 얻을 수 있는 지혜는 무엇인지' 등이 들어가야 한다. 이러한 내용을 포함하면서 원고 내용을 2~3페이지로 요약하는 것이 보통의 프롤로그이다. 독자들은 짧은 글을 봄으로써 자신에게 필요한 책인지를 판단하기 때문에, 작가는 자신이 쓴 원고의 '핵심'적인 내용만 압축해서 적는 것이 좋다. 또한 글을 쓰게 된 배경을 넣는 것도 어떤 목적으로 만들어진 책인지를 말할 수 있을 것이다.

보통 에필로그는 본문에서 서술하지 못했던 내용들을 적는 공간이다. 책을 끝마친 소감부터 시작해 책을 읽은 독자에게 전하고 싶은 말, 그리고 감사한 분들을 향한 인사 등의 내용으로 채워진다. 에필로그는 끝에 가서 살짝 덧붙이는 말이기 때문에 프롤로그보다 양이 적은 경우가 많으며, 본문에 넣어야 할 중요한 내용은 들어가지 않는다.

정리하자면 프롤로그는 본문이 시작되기 전 긴장감을 고조시키면서 간략한 정보를 제공하는 장치가 되고 에필로그는 책을 마무리 지은 여운을 독자와 공유하는 장치가 된다. 이러한 이유로 굳이 프롤로그와 에필로그 중에 독자의 구매를 결정짓는 요소를 뽑자면 프롤로그다. 그렇기 때문에 프롤로그만 적고 에필로그는 굳이 적지 않는 작가들도 많다. 물론 어떠한 것을 쓸지는 본인의 선택이다.

이상으로 작가 소개와 프롤로그, 에필로그를 어떻게 쓰면 좋을지 간략하게 알아봤다. 다시 한번 말하지만 세 요소는 원고를 요약하는 과정에 가깝다. 초고부터 완벽한 원고는 별로 없으며 퇴고의 과정을 거치면서 내용을 삭제하거나 추가하는 일도 빈번히 발생한다. 이 때문에 작가 소개와 프롤로그는 원고 작업이 끝난 후 쓰는 것을 추천한다.

독자가 선호하는 원고 유형

"난 이 책이 마음에 들어서 사고 싶어. 표지 색이랑 글씨체가 예쁘잖아. 인스타그램에 올려야지."

한 대형서점에서 책을 고르다 우연히 듣게 된 이야기다. 어쩌면 그냥 듣고 지나칠 이야기일지도 모른다. 하지만, 저 말은 유난히도 머릿속에 오래 남아 있었다. 미리 이야기하지만, '출판사가 선호하는 원고 유형'의 큰 가닥은 '완성도가 높은 원고, 많이 팔리는 원고'이다. 그렇다면 독자가 선호하는 원고 유형에는 어떤 것이 있을까? 분명한 건 위의 예시에서도 볼 수 있듯이, '출판사가 선호하는 원고 유형'보다는 훨씬 복잡하고 민감할 것이라는 사실이다. 대부분의 출판사가 독자의 선호를 맞추기 위해 아등바등하는 것만 보면 충분히 알 수 있다.

트렌드를 파악하라

2019년 겨울, 출판계를 뒤흔들어 놓았던 책이 한 권 있다. 바로 놀 출판사에서 발간된 《오늘도 펭수 내일도 펭수》[13]다. 《오늘도 펭수 내일도 펭수》는 혜성처럼 등장해 모든 도서판매 사이트를 싹쓸이했다. 이 책이 이토록 잘 팔린 이유는 펭수라는 캐릭터 자체가 하나의 인기 트렌드로 자리 잡았기 때문이다. 하지만, 여기서 더 중요한 것은 어떻게 펭수라는 캐릭터를 에세이로 낼 생각을 했느냐는 것이다.

《오늘도 펭수 내일도 펭수》 이전에도 캐릭터 에세이의 인기는 지속되어 하나의 트렌드로 자리매김했었다. 《빨강머리 앤이 하는 말》[14]의 성공을 시작으로 《보노보노처럼 살다니 다행이야》[15], 《곰돌이 푸, 행복한 일은 매일 있어》[16] 등의 캐릭터 에세이는 폭발적으로 출간되었다. 단단히 자리 잡은 캐릭터 에세이라는 트렌드와 '펭수'라는 신생 트렌드가 시너지를 일으켜 《오늘도 펭수 내일도 펭수》라는 도서가 탄생하게 된 것이다.

책을 쓰는 데 트렌드 파악은 최우선되어야 하는 과제이다. 현재 독자들의 이목을 집중시키는 트렌드는 어떤 것인가? 곧바로 머릿속에 떠오르지 않는다면 당장 찾아 나서야 한다. 연초에 발간되는 트렌드서들을 적어도 1~2권 정도는 정독해야 한다. 또한 올해를 강타할 트렌드들을 예측하는 설명회도 많이 있으니 이러한 강연을 찾아보는 것도 좋다. 여의치 않다면 구글 알리미에 이메일을 등록하여 '트렌드'라는 키워드만 집어넣어도 아침마다 자동으로 정보가 배달되니 얼마나 편한 세상인가.

깊이 있는 정보? 당장 이익이 되는 정보!

적어도 '스마트폰'이라는 것이 출시되기 이전, 책은 어느 정도 '정보 전달' 매체의 역할을 했었다. 하지만 지금이 어떤 시대인가? 핸드폰을 켜 검색 엔진만 돌려도 최신 정보들이 우르르 쏟아진다. 출간기획서에 적어 놓은 경쟁 도서들만이 내 책의 라이벌일까? 이제는 온갖 정보 전달 매체들이 내 책의 경쟁자이다. 때문에 이전과 같은 서술 방식은 더 이상 통하지 않는다. 독자들은 더 이상 전공 서적과 같은 어렵고 재미없는 책은 원하지 않는다. 빠르게 변화하는 시대, 독자들이 원하는 것은 정보 습득을 빨리할 수 있도록 도와주는 도서다.

내 책을 읽고 독자들이 직접적인 이익을 얻을 수 있는지, 적어도 다른 사람들 앞에서 자신의 지식을 자랑할 수 있는 정도는 되는지 파악해야 한다. 내 책이 독자의 사업에 긍정적인 영향을 끼칠 수 있는가? 내 책을 통해 독자가 지금 당장 돈을 벌 수 있는 방법을 찾아낼 수 있는가? 내 책을 통해 독자가 좀 더 건강해지는 생활 습관을 길들일 수 있는가? 다음의 항목을 한번 체크해 보도록 하자!

- ✓ 내 책의 예상 독자가 현재 가지고 있는 **가장 큰 문제점**은 무엇일까?
- ✓ 내 책의 예상 독자가 **가장 궁금해할 질문**에는 어떤 것들이 있을까?
- ✓ 지금 당장 **실천할 수 있는 해결법**이 있을까?
- ✓ 그 해결법을 어떻게 **가장 쉽게 설명**할 수 있을까?

독자들이 원하는 것은 어렵기만 한 학술적 지식이 아니다. 지금 당장 이용할 수 있는 실천적 지식을 중점적으로 어필해야 한다. 때문에 위의 체크리스트를 살펴보며 '독자의 관점'을 분석해 보는 것이 베스트셀러를 위한 지름길이다.

출판사가 선호하는 원고 유형

원고를 모두 완성했다면 이제 내 책을 출판해야 할 차례이다! 출판의 첫걸음은 원고투고다. 일단 출판사에 원고를 투고해야 출판 계약의 기회를 잡을 수 있다. 그런데 출판사도 선호하는 원고가 따로 있다는 사실을 알고 있는가? 출판사는 어떤 원고를 좋아할까?

완성도 높은 원고

완성도가 낮더라도 주제나 콘셉트가 좋다면 충분히 출판의 가능성이 열려 있다. 하지만, 출판사는 주제가 웬만큼 좋지 않고서야 완성도 낮은 원고보다 완성도 높은 원고를 환영한다. 출판을 진행하게 되면 출판 편집자가 원고의 부족한 부분을 메꿔 시장에 내놓을 수 있도록 퀄리티를 높이겠지만 그건 출판사와 계약이 체결된 후의 일이다. 내용이 부실하고, 주제가 참신하지 않으면 독자는 물론 출판사도 관심을 두지 않는다. 앞에서 강조한 퇴고 과정이 꼭 필요한 이유도 여기에 있다.

익숙하고도 참신한 주제로 출판사의 마음을 사로잡고, 잘 짜인 목차로 자신의 원고가 가진 차별성을 강조하라. 내용이 탄탄하면 출판사의 눈에 띄기 수월하다. 완성도가 높아야 독자의 선택도 받는다. 베스트셀러가 되기 위해 '입소문'의 힘을 무시할 수 없다. 제목, 카피, 목차에 공을 들여 당신의 책을 집어 들었지만 내용이 별로라면 그 책은 더 이상 독자를 늘려 나가지 못한다.

많이 팔리는 원고

—

원고의 완성도가 높더라도 출판사의 선택을 받지 못할 수 있다. 사실 출판사가 제일 중요하게 생각하는 원고 선택 기준은 '이 책이 과연 출판사에 수익을 가져올까?'이다. 출판사는 자선사업가가 아니다. 작가에게는 꿈을 이뤄 줄 신성한 곳으로 비칠지 모르겠지만 출판사는 그저 이익을 창출하기 위해 존재하는 '기업'일 뿐이다. '팔리지 않는 책'에 투자하는 출판사는 없다. 출판사는 책을 팔아 돈을 벌고 그 돈을 다시 책에 투자한다. 수익이 확실히 보장되어야만 투자가 이루어진다. 당신의 원고가 출판사의 선택을 받기 위해서는 '돈'을 벌어다 줄 수 있어야 한다. 출판사가 생각하는 '잘 팔릴' 책의 기준은 다음과 같다.

- ✓ 원고의 **내용**이 흥미로운가?
- ✓ **출판 트렌드**에 맞는 주제인가?
- ✓ **구매력 있는 독자**를 예상 독자로 선정했는가?

위의 기준에 부합하며 작가가 책을 많이 팔아 줄 수 있다면 금상첨화다. 솔직히 말하자면 출판사가 원고를 검토할 때 가장 중요하게 생각하는 요소 중 하나는 '작가가 어떤 사람'인지다. 때문에 이미 앞에서 작가 소개의 중요성에 대해 설명했다. 작가가 그 분야의 전문가이거나 유명 강사 혹은 많은 팔로워를 가진 인플루언서라면? 이미 그 원고는 출판이 확정된 것이나 마찬가지다. 작가가 유명하다는 것은 어느 정도의 판매량이 보장된다는 것이고 출판 이후 마케팅도 수월하기 때문이다.

그렇지만 당신이 유명하지 않더라도 실망하지 마라. 유명한 작가가 아무리 책을 많이 팔아 줘도 책 자체의 내용이 좋지 않으면 아무 소용 없다. 잠시 반짝하고 말 뿐이다. 수많은 베스트셀러 작가가 모두 유명했던 것은 아니다. 그들은 어떻게든 치열한 경쟁에서 살아남았다. 당신도 그중 하나가 되지 말라는 법은 없다.

책을 구성하는 것들

주위를 둘러보면 벽이나 책상에서 아날로그 시계를 쉽게 발견할 수 있다. 시침, 분침, 초침처럼 각기 다른 시곗바늘부터, 내부에 잘 작동하도록 설계된 태엽까지. 이 작은 구조물 하나하나에도 모두 이름이 있다. 하지만 시계에 관심이 있는 사람이 아니라면 그 세부 명칭까지 아는 경우는 드물 것이다.

이처럼 우리가 잘 몰랐을 뿐, 책을 이루는 요소들도 마찬가지다. 책의 겉면을 감싸는 표지부터 책의 내용이 들어찬 내지까지. 그 세세한 모든 부분에는 이름이 존재한다. 그렇다면 책을 구성하는 요소들은 각각 어떻게 불리고 있을까? 지금부터 책의 구조를 하나씩 파헤쳐 보자.

표지의 구성

표지는 크게 다섯 가지로 나눈다. 앞표지, 앞날개, 뒷날개, 뒤표지 그리고 책등이다.

앞표지에는 제목과 부제목, 작가명, 출판사 로고 그리고 보디카피(표지카피)가 들어간다. 보디카피(표지카피)는 필수 요소는 아니지만, 부제목으로도 설명이 부족해 보일 때 추가로 활용할 수 있다. 또 예상 독자를 겨냥한 문구나 책의 주제를 관통하는 문장을 넣는다면 하나의 효과적인 마케팅이 될 것이다.

앞표지와 연결된 앞날개에는 작가와 역자 소개를 중점으로 소개한다. 뒤표지와 이어진 뒷날개에는 책 내용을 소개하거나 출판사의 출간 도서 등을 넣는다.

뒤표지에 책값과 ISBN(바코드)은 꼭 들어가야 한다. 부가적으로 뒤표지에는 책을 소개할 수 있는 헤드·서브카피나 추천사 등 강조할 수 있는 문구를 넣기도 한다. 또 본문 발췌 내용을 넣어 책 내용을 바로 파악할 수 있도록 하면 독자의 시선을 오래 잡아 둘 수 있다.

마지막으로 책등은 책꽂이에 책을 꽂았을 때 보이는 면이다. 책등에는 책 제목과 작가명, 출판사 로고가 들어간다. 앞표지부터 책등까지, 표지 구성 요소를 간략히 정리한 표도 함께 살펴보자.

뒷날개 | 뒤표지 | 책등 | 앞표지 | 앞날개

❙ 표지

앞표지	제목, 부제목, 작가명 출판사 로고, 보디카피(표지카피)
앞날개	작가 소개, 디자인 저작권 표시
뒷날개	기 출판 도서 광고, 책 소개
뒤표지	책값, ISBN(바코드), 헤드 · 서브카피, 추천사, 본문 발췌 내용 등
책등	책 제목, 작가명, 출판사 로고

내지의 구성

내지는 크게 네 가지로 구성되는데 면지, 앞붙이, 본문, 뒤붙이 순서로 나눈다. 면지는 책의 표지를 넘겼을 때 가장 먼저 보이는 색지를 말하며 표지와 내지를 연결하는 역할을 한다. 양장 제본에서 주로 사용되던 면지가 무선 제본에 들어가는 이유는 양장 제본의 형태를 유지하기 위함이다.

▌내지

면지	색지
앞붙이	약표제(소도비라), 판권지, 표제(대도비라), 헌사, 추천사, 서문, 차례, 속표제(장도비라)
본문	소제목, 본문, 쪽번호, 쪽표제(하시라)
뒤붙이	후기, 감사의 말, 부록, 주석, 판권지

이해를 위해 바른북스의 편집배열표를 첨부한다. 위의 설명대로 면지가 먼저 나오고 앞붙이가 시작된다. 앞붙이는 약표제(소도비라), 판권지, 표제(대도비라), 헌사, 추천사, 작가의 서문, 일러두기, 차례, 속표제(장도비라) 등의 순서로 진행된다.

제목	판형	쪽수	표지	용지표지	무선 제본
본질은 조직문화다[17]	152mm X 225mm	264	4도 인쇄 **본문** 2도 인쇄	210g 아르떼 **면지** 120g 밍크지 크림색 **내지** 100g 미색모조지	**무광코팅** **후가공** 투명 에폭시

		1	2	3	4	5	6	7	8	9	10	11	12
면지	면지	약표제 (소도비라)	감사의 말	표제 (대도비라)	백지	앞부속 서문	앞부속 서문	앞부속 서문	앞부속 서문	앞부속 서문	목차	목차	1장속표제 (장도비라)
13	14	15	16	17	18	19	20	21	22	23	24	25	26
1장 속표제 (장도비라)	1장 본문 (1부 왜 적응이 힘든가)												
27	28	29	30	31	32	33	34	35	36	37	38	39	40
1장 본문 (1부 왜 적응이 힘든가)													
41	42	43	44	45	~	255	256	257	~	261	262	263	264
		1장 끝	2장 속표제 (장도비라)	2장 속표제 (장도비라)		본문 끝	후기 속표제 (장도비라)	후기		후기	감사의 말	백지	판권
면지	면지												

면지 다음에 오는 약표제(소도비라)에는 도서의 제목과 부제가 기재된다. 이때 앞표지의 제목 스타일을 그대로 적용해 책의 이미지를 강조하는 경우가 많다.

보통 판권지는 2페이지나 맨 마지막에 위치한다. 《본질은 조직문화다》에서는 판권지를 맨 마지막에 위치시키고, 2페이지는 독자에게 보내는 짤막한 감사 인사로 채웠다. 3페이지는 표제(대도비라)로 표지가 들어간다.

그다음으로 헌사, 추천사, 작가의 서문이 들어가는데 이 책은 바로 서문으로 시작했다. 일러두기는 본문에서 표기법을 다르게 했거나 문제가 되는 부분을 미리 독자들에서 알리는 용도로 쓰인다. 4페이지 혹은 차례 뒤에 들어간다.

그다음 차례, 속표제(장도비라)가 순서대로 온다, 속표제(장도비라)는 챕터 페이지라고도 부른다. 대제목을 표시하는 용도로 쓰이는데 보통 디자인이 들어간 배경에 부제목이나 장제목이 들어가는 것이 일반적이다. 이렇게 앞붙이가 끝나고 본문이 시작된다.

본문은 소제목과 본문 글, 쪽번호, 쪽표제(하시라)로 구성된다. 소제목 다음에 본문 글이 나오는데 하단에는 쪽번호와 쪽표제(하시라)가 있다. 쪽번호 옆에 적혀 있는 제목이 바로 쪽표제(하시라)다.

마지막으로 뒤붙이는 작가의 후기, 감사의 말, 부록, 주석, 판권지 등으로 이루어진다. 위의 도서는 저자 후기 다음에 가족과 지인들에게 보내는 감사의 말을 첨부하고 판권지로 마무리하였다.

5장

맞춤법, 무엇이 틀렸을까

틀리기 쉽지만 틀리면 안 되는 맞춤법

글을 쓸 때 신경 쓰이는 것 중 하나가 바로 '맞춤법'이다. 물론 교정·교열은 편집자의 역할이기에 작가가 심각하게 신경 쓸 필요는 없다. 하지만 편집자가 투고된 원고를 받았는데, 여기저기 맞춤법이 틀려 있다면 과연 그 원고가 좋은 인상을 줄 수 있을까? 책쓰기에 꼭 필요한 기본적인 국어 문법에 대해 알아보자!

되요 vs 돼요

'되요'와 '돼요'는 가장 많이 틀리는 맞춤법 중 하나다. 또 그만큼 틀리는 빈도가 높았기에 요즘에는 그다지 많이 틀리지 않는 맞춤법이기도 하다. 하지만 맞춤법을 이야기하는 장에서 '되요 vs 돼요'를 언급하지 않고 넘어갈 수는 없다고 생각한다.

일단, '되어'가 본말이며 '돼'는 준말이다. 때문에 '되다 – 되고 – 되는 – 되면 – 된 – 됨 – 될 – 되어(돼) – 되어도(돼도) – 되었다(됐다) – 되었고(됐고)'에서처럼 '되어'는 '돼'로 바꿀 수 있다. 따라서 '완성되었습니다'를 '완성됐습니다'로 바꾸는 것은 괜찮다. 하지만 '완성되면'을 '완성돼면'으로 바꾼다면 문제가 된다. '되다'의 기본형은 있으나 '돼다'의 기본형은 없다. 이를 좀 더 쉽게 구분하는 방법 두 가지를 소개한다.

초고가 완성됬~~습니다~~/됐습니다.

법칙 1. '되요' 사이에 '어'를 넣어 어색하지 않으면 '돼요'라고 쓴다.

포기하면 안 되요/안 돼요!

법칙 2. '하' 또는 '해'를 집어넣어서 말이 되는지 안 되는지를 살펴본다.

'되요' 사이에 '어'를 넣어 자연스러우면 '돼'를 써도 되고, 자연스럽지 않다면 '되'를 쓰면 된다. '초고가 완성됬습니다/됐습니다'의 경우, '됐습니다'를 풀어 쓴 '되었습니다'가 자연스러우니 '됐습니다'가 맞는 표현이다.

'하'가 자연스러우면 '되'가, '해'가 자연스러우면 '돼'가 맞는 표현이다. 만약 '완성되서'와 '완성돼서'가 헷갈린다면 '완성하서'와 '완성해서'로 바꿔 보면 된다. 이 경우 '완성해서'가 자연스러우니 '완성돼서'가 바른 말이 된다. 많이 헷갈리는 '안 되요'와 '안 돼요'의 경우도 마찬가지이다. '안 하'와 '안 해' 중 자연스러운 것은 '안 해'이니 '안 돼요'가 바른 말이다.

든지 vs 던지

'든'과 '던'을 틀리는 경우는 대부분 '든'을 써야 할 자리에 '던'을 쓰는 경우다. '든'과 '던'을 헷갈리지 않기 위해서는 어미가 내포하는 뜻을 잘 파악해야 한다. 아래의 예시를 보자.

과거에 어떤 일이 ~~일어났던~~/일어났든, 오늘의 일상이 흔들려서는 안 된다.

법칙 1. '선택, 무관'의 뜻을 나타내는 어미는 '-든'을 사용한다.

이 문장의 빈칸에는 '-든'이 들어가야 할까, 아니면 '-던'이 들어가야 할까? '과거'라는 글자를 보고 '-던'을 사용하면 안 된다. '어떤 일'에 대한 선택지가 여러 가지이기에 '-든'이 정답이다. 이처럼 '든'과 '던'을 구분하기 위해서는 어미가 내포하는 뜻을 잘 살펴야 한다.

'-든/든지/든가'에는 '선택'의 의미가 있다. 예를 들어, '택시로 가든, 버스로 가든 상관없다'에서 '-든'은 '택시'와 '버스' 중의 하나를 선택하라는 의미로 쓰인 어미이다. '택시로 가든, 버스로 가든 상관없다'라는 문장처럼 선택지가 문장 안에 제시되는 경우는 문제가 없지만, 선택지가 제시되지 않을 때는 주의해야 한다. 선택지가 없지만, 선택의 뜻이 숨어 있는 문장들이 있기 때문이다. 예를 들면, '어떤 영화든 재밌을 것 같아요' '배고프면 밥을 먹든가 해라' '오늘 뭘 하든지 재밌게 하자'처럼 선택의 의미가 포함되어 있다면 '-든'을 사용한다.

그 사람은 잘 ~~있든~~/있던?

법칙 2. '의문'이나 '과거의 회상'의 뜻을 나타내는 어미는 '-던'을 사용한다.

'-던/던지/던가'는 '의문'이나 '과거의 회상'에 사용된다. '그 사람은 잘 있던?' '고마웠던 기억이다' '얼마나 춥던지 몸이 떨렸다' 등이 그 예다.

웃 vs 위/윗

접사 '웃'과 '위/윗'을 구분하기 위해서는 '아래'에 해당하는 짝이 있는지를 파악해야 한다.

~~웃사람~~/윗사람의 말씀은 잘 들어야 한다.

법칙 1. '아래'에 해당하는 짝이 있으면, '위/윗'을 사용한다.

웃어른/~~위어른~~의 말씀은 잘 들어야 한다.

법칙 2. '아래'에 해당하는 짝이 없으면, '웃'을 쓴다.

'웃사람/윗사람의 말씀은 잘 들어야 한다'에서는 무엇이 맞을까. 이 경우에는 '아랫사람'이라는 단어가 있으므로 '웃사람'이 아니라 '윗사람'이라는 표현을 사용해야 한다. '아랫목' '아랫입술' '아랫잇몸' '아랫바람'이 있으므로 '윗목' '윗입술' '윗잇몸' '윗바람'이 바른 표현이다.

'웃어른/위어른의 말씀은 잘 들어야 한다'에서는 '웃어른'이 정답이다. '아래어른'이라는 단어는 없기 때문이다. 때문에 '위어른'이 아니라 '웃어른'이 바른 표현이다. 이를 활용해 보면 '아래돈' '아래풍'이라는 단어는 없으므로 '웃돈' '웃풍'이 맞는 말이다.

가장 많이 헷갈리는 경우는 바로 '옷'에 관한 단어이다. 옷은 상의, 하의로 나뉘는 경우도 있지만, 그렇지 않은 경우도 있다. 상, 하의로 나뉠 때는 앞의 설명처럼 '윗옷' '아래옷'으로 쓴다. '윗옷은 블라우스로 입었으니, 아래옷은 치마로 입자'의 경우가 그렇다. 하지만, 짝을 이루는 하의가 없는 재킷이나 외투 등은 '웃옷'이 된다. 예를 들면, '날이 추워지니 웃옷을 걸치고 가'의 경우가 이에 해당한다. 이처럼 '웃'과 '위/윗'을 올바로 쓰기 위해서는 그 반대에 해당하는 짝이 있는지 파악한 뒤에 사용해야 한다.

▎헷갈리는 맞춤법 목록

틀린 표현	맞는 표현
갈래길	갈림길
건너방	건넌방/건넛방
개거품	게거품
구렛나루	구레나룻
곱추	꼽추
그리고 나서	그러고 나서
나즈막이/나지막히	나지막이
눌러붙다/늘어붙다	눌어붙다
늘상	늘/노상
달디달다	다디달다
닥달	닦달
무릎팍	무르팍
맥아리/메가리	매가리
맨얼굴	민얼굴
빼박다	빼닮다/빼쏘다
송글송글	송골송골
히히덕거리다	시시덕거리다
아둥바둥	아등바등
애시당초	애당초
여지껏	여태껏
장단지	장딴지
찌질하다	지질하다
쭈꾸미	주꾸미
횡경막	횡격막
희안하다	희한하다

자연스러워도 고쳐야 하는 사동 및 피동 표현

머리를 쥐 나게 하던 국어 문법의 양대산맥이 있었다. 하나는 사이시옷이고 다른 하나는 이 장에서 설명할 '피동과 사동'이다. 표준국어대사전에 따르면, 피동과 사동의 뜻은 각각 다음과 같다. '피동'은 '주체가 다른 힘에 의하여 움직이는 동사의 성질'을, '사동'은 '주체가 제3의 대상에게 동작이나 행동을 하게 하는 동사의 성질'을 의미한다. 하지만, 이런 식의 설명 방법은 우리에게 필요치 않다. 어디까지나 우리는 책을 쓰는 작가이지 수능을 칠 수험생은 아니니까. 우리는 그냥 이렇게 기억하자.

피동형 → 당한다!　　　사동형 → 시킨다!

부딪쳤다? 부딪혔다?

'부딪다'는 '무엇과 무엇이 힘 있게 마주 닿거나 마주 대다. 또는 닿거나 대게 하다'라는 뜻이 있다. 이를 좀 더 강조하여 표현하면 '부딪치다'가 되고, 피동형으로 바꾸면 '부딪히다'가 된다. 좀 더 문법적으로 말하자면, '행위 주체가 직접 동작을 일으키거나 관여할 때'는 '부딪치다'가, '남의 행동에 의해 당할 때!'는 '부딪히다'가 된다. 즉, '피동형'은 남에게 '당할 때' 사용되는 형태이다.

> 출근길은 언제나 지옥철과 함께한다. 오늘도 역에서 내리다 늘 보던 장면을 목격한다.
>
> A 씨 : 그쪽이 먼저 부딪쳤잖아?
>
> B 씨 : 아니야, 부딪힌거야!
>
> A 씨 : 야, 그게 부딪친 거잖아?

이 경우, A 씨의 주장대로 'A 씨와 B 씨가 부딪친' 거라면 이는 '힘 있게 마주 닿았다'라는 의미로 해석된다. 따라서 이들의 싸움은 어느 정도 근거(?) 있는 다툼이 된다. 하지만 B 씨의 주장대로, A 씨와 '부딪힌' 것이라면, 이 둘은 '실수로' 충돌한 것이 된다. 이 경우에는 A 씨가 어서 '부딪치다'와 '부딪히다'가 어떻게 다른지 깨닫기를 바랄 수밖에 없다.

'깨우치다'는 '깨달아 알게 하다'라는 의미이다. 이미 단어 안에 '시킨다!'라는 의미가 들어 있으니 '깨우치다'라는 단어 안에는 이미 사동의 의미가 포함되어 있다는 것을 알 수 있다.

1. 내 동생은 함수를 다섯 살 때 깨쳤다. → 동생이 스스로 함수를 익혔다.
2. 내 동생은 함수를 다섯 살 때 깨우쳤다. → 나는 함수를 동생에게 익히게 했다.

내가 스스로 '아는 것'을 의미할 때는 '깨치다'가 바른 표현이다. 누군가가(제3자) '알게 한 것'이라면 '깨우치다'가 맞다. 위의 예시대로라면, 첫 번째 경우에는 동생이, 두 번째 경우에는 나와 동생이 영재 프로그램에 나가야 하는 것이다.

이중피동?

'이중피동'이란 말 그대로 중복되어 피동이 사용되었다는 뜻이다. 이중피동은 어법에 맞지 않는 비문이다. 따라서 사용을 자제하는 편이 좋다. 하지만 이중피동은 우리 일상 속에서 무분별하게 사용되고 있다.

예를 들어 '잊혀지다'의 경우를 보자. '잊히다'가 이미 피동의 의미를 가지고 있기 때문에 '잊혀지다'는 잘못된 표현이다. 노을의 〈늦은 밤 너의 집 앞 골목길에서〉만 보더라도 "오래되었어. 그때 너의 웃음 너의 목소리 잊혀진 거 같아"로 쓰여 있으니 이제는 '잊힌 것 같아'라고 표기하면 소속사에 항의할 판이다. 평소 잘못 쓰이는 이중피동을 예시로 함께 보자.

1. 벌써 4장이라니 ~~믿겨지지~~/믿기지 않아!
2. 오늘 아침 알람음이 ~~잊혀지지~~/잊히지 않는다.
3. 글은 원래 술이 좀 들어갔을 때 잘 ~~쓰여진다~~/쓰인다.
4. 오늘 출근하는데 가방이 ~~찢겨질~~/찢길 뻔했다.

이중피동은 대부분 피동사에 피동의 의미를 더하는 '-어지다'가 결합되어 나타난다. 하지만 '믿기다, 잊히다, 쓰이다, 찢기다'가 존재하는데도 잘못된 이중피동을 무분별하게 사용하는 것은 옳지 못하다.

이 둘이 같은 의미라고?

나영석 PD의 〈삼시세끼〉는 대중들에게 많은 사랑을 받은 프로그램이다. 그런데 이 〈삼시세끼〉라는 이름! 입에 제대로 달라붙긴 하는데 문법적으로 정말 아무런 문제가 없을까? 표준국어대사전에 의하면 '겹말'이란 '같은 뜻의 말이 겹쳐서 된 말'을 의미한다. 〈삼시세끼〉에서 '삼시(三時)'는 '아침, 점심, 저녁의 세 끼니'를 뜻하는 말이고 '세끼'는 '아침, 점심, 저녁으로 하루에 세 번 먹는 밥'을 뜻한다. 두 단어는 뜻이나 쓰임새가 같다. 그러므로 〈삼시세끼〉 역시 이중으로 붙여 쓴 겹말이다.

'삼시세끼'라는 단어는 프로그램 이름으로는 적합하다. 그러나 책을 쓸 때 이러한 겹말 오류는 피하는 것이 좋다. 간결한 문장이 독자의 이해를 돕는 데 효과적이기 때문이다.

'매일 일상'처럼 '아침 조회'를 하다니 말도 안 된다

1. 고목 ~~나무~~ 위를 오르는 고양이가 너무 귀여워서 지하철을 놓쳐 버렸다.
2. 사람에 치이는 것이 ~~매일~~ 일상이라 이제 아무렇지도 않다.
3. 팀장님의 ~~아침~~ 조회가 내 출근 시간보다 길다.

위의 표는 겹말 오류를 범한 몇 가지 단어를 나열한 것이다. 일단 '고목(古木)'을 살펴보자. '고목(古木)'의 뜻은 '주로 키가 큰 나무로, 여러 해 자라 더 크지 않을 정도로 오래된 나무'를 의미한다. 이미 '고목(古木)'이라는 단어 자체는 '나무'의 뜻을 지니고 있다. 하지만 종종 우리는 '고목(古木)'에 '나무'를 붙여서 '고목 나무'라고 부르는 '겹말 오류'를 범한다.

'매일 일상'도 마찬가지다. 매일(每日)은 '하루하루마다'라는 뜻을 지니고 있고, 일상(日常)은 '날마다 반복되는 생활'이라는 뜻이다. 여기서는 '날마다'와 '하루하루마다'의 의미가 겹치기 때문에 '매일 일상'은 겹말이다. '아침 조회'도 같은 맥락이다. '조회(朝會)'에 이미 '아침'의 의미가 들어가 있기 때문에 굳이 '아침 조회'라는 단어를 쓸 필요가 없는 것이다. '고목 나무'를 '고목'으로, '매일 일상'을 '일상'으로, '아침 조회'를 '조회'로 바꾸니 문장이 훨씬 간결해 보이지 않는가?

'다른 대안'은 그냥 '다른'을 없애는 거야

1. ~~남은~~ 여생은 고양이와 보내고 싶다.
2. ~~들리는~~ 소문에 주임님이 로또에 당첨되셨다던데?
3. 부자가 되기 위한 ~~다른~~ 대안은 그냥 다시 태어나는 것이다.

겹말 오류는 '단어'에서만 일어나는 것은 아니다. '구'에서도 이러한 오류가 흔하게 발생한다. '남은 여생'에서 '여생(餘生)'은 앞으로 '남은' 인생을 뜻한다. 이미 단어 안에 '남은'이라는 뜻을 내포하고 있기 때문에 굳이 '남은'이라는 관형사를 붙일 필요가 없다.

'들리는 소문'도 마찬가지이다. '소문(所聞)'의 뜻은 '사람들 입으로 전하여 들리는 말'이다. 이미 '들리다'라는 뜻이 있는데 굳이 '들리는 소문'이라고 쓸 이유가 없다. '다른 대안'에서 '대안(代案)'은 '어떤 안(案)을 대신하는 안'이라는 의미이다. 이는 이미 다른 안을 찾고 있다는 의미이기 때문에 굳이 '다른'을 붙이지 않는 것이 좋다.

위의 예시처럼 '남은 여생'을 '여생'으로, '들리는 소문'은 '소문'으로, '다른 대안'은 '대안'으로 표현하는 것이 훨씬 간결하다.

앞서 〈삼시세끼〉의 예시에서도 말했듯이 '겹말 오류'는 일상에서 무분별하게 사용되고 있다. 물론 이러한 오류는 일상에 큰 문제를 일으키지는 않는다. 하지만, 글을 쓸 때는 아니다. 글을 쓸 때는 가독성을 위해 문장의 호흡은 최대한 짧게 만드는 것이 중요하다. 그런데 겹말은 문장의 '간결함'을 해치는 치명적인 요인이다. 겹말 오류를 피하는 것만으로도 문장의 길이를 대폭 줄일 수 있다. 가독성을 위한 지름길은 의외로 찾기 쉽다. 겹말 오류부터 줄여 나가 보자!

주의해야 할 겹말 오류

✓ 1월달	✓ 결연을 맺다
✓ 거의 대부분	✓ 다가올 앞날
✓ 내면 속	✓ 빈 공간
✓ 역전앞	✓ 준비를 갖추다
✓ 철교다리	✓ 함께 동행하다

띄어쓰기에 따라 의미가 달라진다

띄어쓰기의 가장 기본적인 조항은 '문장의 각 단어는 띄어 씀을 원칙으로 한다(한글 맞춤법 제2항)'이다. 그리고 그 뒤를 이어 이런 문장도 나온다. '조사는 그 앞말에 붙여 쓴다!' 이것만 놓고 보면 띄어쓰기는 가장 기초 중의 기초처럼 보인다. 하지만 띄어쓰기는 생각보다 그렇게 만만하지 않다. 당장 이와 같은 기본 원칙도 지키지 못하는 사례가 수두룩하다.

2019년 1월 21일 자 JTBC 뉴스의 〈잘못된 띄어쓰기까지…… '복붙' 연수보고서?〉에는 아래와 같은 내용이 나온다. "심지어 이 보고서에 보면 이 지역은 '땅 이' 낮고 그래서 수해가 많다라는 얘기였는데요. 이 '땅 이'는 주격조사 이는 붙여야 되는데 띄어쓰기가 틀린 것입니다."

위의 예시는 조금 극단적인 느낌이 있다. 하지만 이렇게 가장 기본적인 맞춤법조차 틀리는 경우가 비일비재한 것이 사실이다. 당연한 이야기지만 책을 쓸 때는 이런 띄어쓰기에 대해 더 세심한 주의를 기울여야 한다. 이번 장에서는 '헷갈리는 띄어쓰기' 몇 가지를 알아보도록 하자!

한번 해 보겠습니다! 한 번 해 보겠습니다?

'한번'과 '한 번'은 띄어쓰기 하나의 차이로 그 뜻이 확연히 달라지는 대표적인 단어다. 아래의 예시를 보자.

A : 야근, 제가 한번 해 보겠습니다.
: 야근, 제가 한 번 해 보겠습니다.
C : 너, 말 한번 잘했다!

위 세 가지 문장의 '한번'은 모두 다른 의미를 내포하고 있다. 일단 A의 발화는 띄어쓰기에 따라 그 의미가 완전히 달라진다. '야근, 제가 한번 해 보겠습니다'에서의 '한번'은 '어떤 일을 시험 삼아 시도함을 나타내는 말'을 의미한다. 그리고 '야근, 제가 한 번 해 보겠습니다'에서의 '한 번'은 말 그대로의 '1회'를 의미한다. 그러니까 딱 '한 번!' 이처럼 횟수를 셀 때의 '번'은 단위를 나타내는 의존명사이기 때문에 띄어 써야 한다. A의 말에 B가 대답한다. '너, 말 한번 잘했다!' 여기에서 '한번'은 '어떤 행동이나 상태를 강조'하기 위해 쓰인 말이다. 즉 A의 말을 칭찬하기 위해 사용한 단어다. 의미가 확장된 경우이기에 붙여 써야 한다. 과연 A는 어떠한 의도로 말한 것일까. B는 A의 말을 제대로 이해한 것일까. 답은 여러분들의 상상에 맡기겠다.

치킨을 먹을지 피자를 먹을지 고민한 지 5시간째……

'어미는 붙인다. 의존명사는 띄어 쓴다'라는 사실은 '단어는 띄어 쓴다. 단, 조사는 붙여 쓴다'처럼 정말 기초적인 문법 지식이다. 하지만 이런 기본적인 지식도 막상 책을 쓸 때면 헷갈리기 쉽다. '지'는 어미로도 쓰이지만, 의존명사로도 사용된다. 아래의 예시를 살펴보자.

1. 오늘 저녁에 치킨을 먹을지 피자를 먹을지가 최대 난제다.
2. 출근한 지 얼마 안 된 것 같은데 벌써 3시다.

'오늘 저녁에 치킨을 먹을지 피자를 먹을지'에서의 '지'는 선택의 의미를 내포한 '어미'이기 때문에 붙여 쓴다. 이처럼 '지'는 주로 '어미'로서 역할을 한다. '나도 가지'처럼 어떤 사실을 긍정적으로 서술하기도 하고, '언제 오시지?'처럼 물음의 뜻을 나타내기도 한다. 이렇게 따지자면 상당히 어려워 보이지만 '지'의 구별은 의외로 쉽다. '지'는 '어떤 일이 있었던 때로부터 지금까지의 동안'을 나타내는 의존명사로 쓰였을 때만 띄어 쓰면 된다. 즉, '출근한 지'처럼 '시간'을 나타낼 때의 경우를 제외하고는 전부 붙인다고 기억해 두면 편리하다!

이왕 하는 김에 '만'도 이야기해 보자. '만'의 띄어쓰기도 '지'와 똑같이 하면 된다. '지'도 '만'도 '시간'을 나타낼 때만 띄어 쓴다는 점을 꼭 기억하자!

1. 역시 치킨만 먹는 건 아쉬우니 피자도 같이 시켜야겠다!
2. 그래도 일주일 만에 시켜 먹는 거잖아!

성수동 식당 중에 웨이팅 없는 데가 어디라고 했지?

'데'를 구별하기 위해서는 어떻게 해야 할까? '데' 역시 '지'처럼 가장 기본적인 사항부터 기억해야 한다. 어미는 붙인다. 의존명사는 띄어 쓴다! 때문에 '지'의 경우와 같이 일단 의존명사가 어떤 식으로 쓰이는지부터 확인해야 한다.

1. 할 일이 많은데 오늘 야근 한 번 하게 생겼네.
2. 성수에 있는 식당 중에 웨이팅 없는 데가 어디라고 했지?
3. 책을 쓰는 데 필요한 것은 이 책에 다 들어 있다.
4. 엎친 데 덮친 격

일단 '할 일이 많은데'처럼 '데'는 'ㄴ데(는데, 은데, 던데)' 형식으로 많이 쓰인다. 이와 같은 경우는 붙여 사용한다. 다만 '웨이팅 없는 데' '책을 쓰는 데' '엎친 데'처럼 '장소, 것, 경우'의 뜻으로 쓰일 때는 띄어 써야 한다. '데'는 주로 '장소'를 나타내는 의존명사로 많이 사용된다. 때문에 일단 헷갈리면 '웨이팅 없는 곳'처럼 '데'를 '곳'으로 고쳐 보고 의미가 맞으면 띄어 쓴다. 또한, 조사 '에'를 덧붙여 보는 것도 요령 중 하나다. '책을 쓰는 데에' '엎친 데에'처럼 '데' 뒤에 '에'를 덧붙여도 자연스럽게 읽힌다면 의존명사로 사용되었을 가능성이 크다.

문법에 맞지 않는 문장 잡아내기

지금 쓰고 있는 글이 있는가? 초고를 완성했다면 지금까지 써 온 문장을 다시 한번 읽어 보자. 틀린 것 없이 완벽하다고 생각할지 모르겠지만 그건 당신만의 착각이다. 퇴고를 할 때는 '타인의 시선'으로 읽어야 한다. 즉 작가가 아닌 독자가 되어 읽어야 한다는 뜻이다.

작가는 자신의 글에 대해서 가장 잘 안다. 그 때문에 글을 쓰다가 틀린 부분이 있더라도 인지하지 못하고 넘어가는 경우가 많다. 지금 바로 서랍장을 열어 옛 일기장을 펴 보자. 대충 휘갈겨 써 굴러다니는 메모라도 좋다. 어떤가? 그 글이 완벽해 보이는가. 그렇지 않을 것이다. 작가의 시선에서 독자의 시선으로 뒤바뀌는 데는 상당한 시간이 필요하다.

지금 글을 쓰고 있는 당신의 눈은 아직 작가의 시선을 벗어나지 못했다. 작가의 시선은 자신의 글을 올바로 보지 못하게 방해한다. 심지어 맞춤법을 잘못 알고 있는 경우 특정한 오타만 반복해 쓰는 경우도 있다. 잘못을 인지하지 못하는 것이다. 이 때문에 편집자라는 존재가 필요하다. 하지만 편집자에게 글을 내놓기 전에 자신의 글을 스스로 고쳐 보는 것도 좋은 경험이 될 것이다. 앞선 글들에서 맞춤법과 띄어쓰기에 대해 다루었다면, 이번에는 '문법에 맞지 않는 문장' 즉, '비문'에 대해 알아보겠다.

어휘 호응

1. 아침은 반드시 먹어야 한다.
2. 아침은 ~~반드시~~/절대로 먹지 않는다.

긍정의 서술어와 어울리는 어휘가 있고, 부정의 서술어와 어울리는 어휘가 있다. '반드시'는 '틀림없이 꼭'을 뜻하는 부사다. 때문에 긍정의 서술어와 호응한다. '아침은 반드시 먹어야 한다'에서 '먹어야 한다'는 긍정의 서술어이기 때문에 '절대로'보다는 '반드시'라는 어휘를 사용해야 하는 것이다. 반면에 '절대로'는 '어떠한 경우에도 반드시'를 뜻하는 부사로 주로 부정의 서술어와 호응한다. 때문에 '절대로' 뒤에는 '먹지 않는다'가 호응하는 것이다. 그럼 부정의 서술어와 호응하는 몇 가지 어휘를 더 알아보자.

> 초고를 완성한다는 게 여간 ~~어려운 일이죠~~/어려운 일이 아니죠.
> 그런데 이 책과 함께라면 그다지 ~~어려울 거예요~~/어렵지 않을 거예요.
> 베스트셀러는 결코 남의 ~~일이랍니다~~/일이 아니랍니다!

'여간'은 '그 상태가 보통으로 보아 넘길 만한 것'이라는 뜻이다. 주로 '부정'의 의미를 나타내는 말과 함께 쓰여 그 일이 '보통이 아니다'라는 의미를 내포한다. 때문에 위의 예처럼 '여간 어려운 일이 아니죠'가 맞는 표현이다.

'그다지'는 '그렇게까지는'이라는 의미로, 뒤에 오는 '않다, 못하다' 따위의 부정어와 호응한다. 때문에 '그다지 어렵지 않을 거예요'가 호응에 맞는 표현이다.

'결코'는 대표적인 부정어 호응 어휘이다. '아니다' '없다' '못하다' 따위의 부정어와 함께 쓰여 금지의 의미를 단단하게 만든다. 따라서 '베스트셀러는 결코 남의 일이 아니다!'가 맞는 표현이다.

'이건 너무 기본적인 내용 아닌가'라는 생각이 들었다면 다시 한번 자신의 일기장을 보자. 책을 쓰다가 문장이 길어지게 되면 이런 기본적인 사항들도 잡아내지 못하는 경우가 많다.

주술 호응

기본적으로 문장은 '주어+목적어+서술어'로 구성되어 있다. 이 구성 요소가 알맞게 호응이 되어야 자연스러운 문장이 된다. 문장의 뜻이 이해가 안 될 때는 주술 호응이 맞지 않은 경우가 많다. '주어와 서술어를 일치시키는 건 너무 기본 중의 기본 아니야?'라고 생각하기 쉽다. 물론 기본 중의 기본이 맞다. 그러나 문장의 길이가 조금이라도 길어진다면 이야기는 달라진다.

> 나는 로또에 당첨되고 싶다고 항상 생각한다.

'나는 로또에 당첨되고 싶다고 항상 생각한다'라는 문장은 두 개의 주어와 두 개의 서술어로 구성되어 있다. 즉, '나는 생각한다'와 '로또에 당첨되고 싶다'라는 두 개의 문장이 하나의 문장으로 구성된 것이다. '나'와 '로또'가 주어, '생각하다'와 '당첨되고 싶다'가 서술어가 된다.

매우 쉬운 예이지만, 한 문장 안에 주어와 서술어가 복잡하게 얽혀 있다면 자칫 오류를 범하기 쉽다. 때문에 주어가 여러 개일 경우에는 주어를 명확하게 인지한 후에 서술어를 사용해야 한다.

이 배는 사람과 짐을 싣고 먼 거리를 이동한다.

목적어와 서술어가 호응하지 않는 예도 있다. 한 문장에서 목적어가 2개 이상 나오는 경우 서술어와 목적어의 호응을 잘 살펴야 한다. 위의 문장에서 '사람'이라는 목적어는 '싣다'라는 서술어와 호응하지 않는다. 때문에 위의 문장은 '이 배는 사람을 태우거나 짐을 싣고 먼 거리를 이동한다'로 수정해야 한다.

책쓰기에 꼭 필요한

맞춤법 총정리 TEST

성명		점수	

- 지금까지 책쓰기에 꼭 필요한 기본적인 국어 문법에 대해 알아보았다.
- 배움 뒤에는 늘 시험이 따르듯 이번에는 이전까지 배운 바를 종합하여 〈맞춤법 총정리 TEST〉를 준비했다.
- 보다 완성도 높은 원고를 위하여 성심성의껏 풀어 보자.

[01~03] 다음을 보고 알맞은 번호를 고르시오.

01 다음 중 틀린 것을 고르시오.

① 그곳으로 가시면 안 되요.

② 비 오는 날은 글이 더 잘 쓰인다.

③ 원고가 완성되면 불러 주세요.

④ 다시 한번 살펴보자.

02 다음 중 틀린 것을 모두 고르시오.

① 택시로 가든, 버스로 가든 상관없다.

② 내가 장담하건대, 그는 절대로 거짓말을 한다.

③ 바닷바람은 차가우니 윗옷을 걸치고 가.

④ 웃어른의 말씀은 잘 들어야 한다.

03 **다음 중 겹말이 쓰인 예를 고르시오.**

① 사람에 치이는 것이 일상이라 이제 아무렇지도 않다.

② 조회 시간에 늦어 본 적이 없다.

③ 이 문제에 대한 대안을 생각해 보자.

④ 오늘 거의 대부분의 직원이 일찍 퇴근했다.

[04~09] **다음을 보고 맞는 것을 고르시오.**

04 그때 얼마나 (더웠던지/더웠든지) 더위를 먹어서 한참을 고생했다.

05 복숭아를 먹었더니 (윗입술/웃입술)이 자꾸만 간지럽다.

06 자기 전에는 핸드폰을 (일절/일체) 하지 않는다.

07 책 읽기 (한적한데가/한적한 데가) 어디 있을까?

08 그런 일을 겪고 나니 (잊혀지지/잊히지) 않을 것 같다.

09 2021년이 (시작된 지/시작된지) 얼마 되지 않은 것 같은데 벌써 반이 지나갔구나.

10 **아래 지문을 읽고 틀린 표현이 있는 문장을 고르시오.**

① 절대로 틀리지 않겠다는 각오로 풀고 계신가요? ② 쉽든 어렵든 맞춤법을 공부한다는 것은 ③ 여간 어려운 일이죠. 하지만, 이 책을 ④ 매일 정독하다 보면 맞춤법은 ⑤ 결코 어려운 영역이 아니랍니다!

정답

1	2	3	4	5
①	②, ③	④	더웠던지	윗입술

6	7	8	9	10
일절	한적한 데가	잊히지	시작된 지	③

문제해설, 이제는 꼭 알아 두기!

01 '안 돼요'는 '안 되어요'가 줄어든 말이다. '안 하'와 '안 해' 중 자연스러운 것은 '안 해'이니 '안 돼요'가 바른 말이다.

02 ②의 경우 '절대로'는 부정의 서술어와 호응하는 어휘이기 때문에 '절대로 거짓말을 하지 않는다'가 바른 표현이다. ③의 경우 상의에 걸치는 재킷이나 외투 등은 짝을 이루는 하의가 없으므로 '웃옷'이 바른 표현이다.

03 '거의 대부분'은 겹말 오류이다. '대부분'에 이미 '거의'의 뜻이 있기 때문이다.

04 '의문'이나 '과거의 회상'의 뜻을 나타내는 어미는 '-던'을 사용한다.

05 입술의 경우 '윗입술'과 '아랫입술'이 짝을 이루므로 '윗입술'이 바른 표현이다.

06 '~하지 않는다'라는 부정의 서술어가 따라오는 어휘는 부정의 의미를 가진 '일절'이다. '일체'는 '모든 것을 다'라는 뜻을 가지고 있다.

07 '한적한 데'에서의 '데'는 '장소'의 의미이므로 띄어 쓰는 것이 바른 표현이다.

08 '잊혀지다'는 피동사에 피동의 의미를 더하는 '-어지다'가 결합된 이중피동 표현이다.

09 '지'는 '시간'을 나타내고 있으므로 '시작된 지'처럼 띄어 쓰는 것이 바른 표현이다.

10 '여간'은 '그 상태가 보통으로 보아 넘길 만한 것'이라는 뜻이다. 즉, '어렵지 않은 일'이라는 뜻인데 긍정어로 쓰이는 경우는 흔치 않다. 대신 부정의 서술어와 함께 쓰여 '보통이 아니다'라는 의미를 내포한다. 위의 문항에서도 '보통이 아니다'라는 의미로 쓰였기 때문에 ③은 '여간 어려운 일이 아니다'라는 문장으로 바꾸어야 한다.

6장

계약서와 저작권, 알고 쓰자

출판 저작권

저작권과 저작권자

책 한 권을 출간하기 위해서는 신경 쓸 부분이 한둘이 아니다. 기획서 작성부터 시작해 목차 구성, 원고 작성 그리고 오탈자 확인까지……. 하지만 이 많은 작업 과정에서도 절대 놓쳐서는 안 되는 부분이 있다. 바로 '저작권'이다. 아무리 좋은 책을 만들어 내더라도 법적으로 어긋나는 부분이 있다면 말짱 도루묵이다. 힘들게 만든 내 책에 대한 권리를 지키기 원한다면 '저작권법'에 대한 공부는 필수다!

'저작권(copyright)'은 창작 활동으로 만들어진 콘텐츠를 복제(copy)할 수 있는 권리(right)이다. 저작권법 1조를 보면 "저작자의 권리와 이에 인접하는 권리를 보호하고 저작물의 공정한 이용을 도모함으로써 문화 및 관련 산업의 향상·발전에 이바지함을 목적으로 한다"라고 목적을 명시하고 있다. 오늘날 저작권은 창작자 개인의 권리 보호를 넘어서 이용자가 창작물을 공정하게 이용하고, 더 나아가 우리 사회에서 탄생하는 모든 문화콘텐츠산업의 발전을 좇는 역할을 한다.

'저작권자'는 이렇게 창작된 결과물을 '복제할 수 있는 권리'를 가진 사람을 칭한다. 즉, 창작자는 동시에 저작권자가 되는 것이다. 보통 저작권자라고 하면 창작자만을 떠올리지만 네 가지 종류로 구분하여 설명할 수 있다. 첫째, 창작자. 둘째, 창작자를 고용하여 업무적 창작을 시키는 고용자. 셋째, 양도나 라이선스를 취득한 경우. 넷째, 저작권을 상속받은 경우이다.

저작권 보호 기간

- ✓ 저작재산권은 이 관에 특별한 규정이 있는 경우를 제외하고는 저작자가 생존하는 동안과 사망한 후 70년간 존속한다(〈저작권법〉 제39조 제1항).
- ✓ 공동저작물의 저작재산권은 맨 마지막으로 사망한 저작자가 사망한 후 70년간 존속한다(〈저작권법〉 제39조 제2항).

저작자에게는 아쉬운 말이지만 저작권은 저작자가 대대손손 물려줄 수 있는 무한한 권리가 아니다. 정해진 기간에만 법적 효력이 작용하며, 보호 기간이 지나면 그 권리가 소멸하고 누구나 저작권의 제한 없이 저작물을 이용할 수 있다.

우리나라의 경우, 1957년 최초 제정된 저작권법(1957. 1. 28. 제정 및 시행)에서는 저작권 보호 기간을 30년으로 정하고 있었다. 1987년 50년으로 개정(1987. 12. 13. 개정)하는 데 이어 2013년 7월 1일부터는 보호 기간이 70년으로 연장되어 현재 저작권 보호 기간은 저작자가 생존하는 동안과 사망한 후 70년간 존속된다. 개인이 창작자가 아니라 법인·단체·기관 등이 창작자가 되는 공동저작물의 저작권은 최후에 사망한 저작자를 기준으로 70년간 존속된다. 국가와 저작물의 종류마다 저작권 보호 기간의 기준이 다르니 알아 두자.

저작권의 보호 기간을 계산할 때는 저작자가 사망한 다음 해부터 기산한다. 여기서 '다음 해부터 기산한다'는 말은 다음 해의 1월 1일 자정부터 계산하는 것을 뜻한다. 또한, 저작권의 만료는 70년이 되는 해의 12월 31일 자정을 기준으로 한다.

예를 들어 1961년 7월 2일에 사망한 미국 소설가 어니스트 헤밍웨이의 경우, 과거 저작권법에 의한 보호 기간이 50년이므로 1962년 1월 1일부터 효력이 발생하며 50년 후인 2011년 12월 31일로 만료된다.

저작물의 유형

저작권법에 따라 보호되는 저작물은 다음과 같다.

① 소설·시·논문·강연·연설·각본 그 밖의 어문저작물 ② 음악저작물 ③ 연극 및 무용·무언극 그 밖의 연극저작물 ④ 회화·서예·조각·판화··공예·응용미술저작물 그 밖의 미술저작물 ⑤ 건축물·건축을 위한 모형 및 설계도서 그 밖의 건축저작물 ⑥ 사진저작물(이와 유사한 방법으로 제작된 것을 포함한다) ⑦ 영상저작물 ⑧ 지도·도표·설계도·약도·모형 그 밖의 도형저작물 ⑨ 컴퓨터프로그램저작물이 그 예이다. 이 중에서도 어문저작물은 책과 밀접한 관련이 있는데, 단순히 서적, 잡지, 팸플릿 등뿐만 아니라, 문자화된 저작물과 강연 등과 같은 구술적인 저작물이 모두 어문저작물에 포함된다.

그밖에도 원저작물을 번역·편곡·변형·각색·영상 제작 이외의 방법으로 작성한 창작물인 2차적저작물과 소재나 구성 부분의 저작물성 여부와 관계없이 소재의 선택 또는 배열에 창작성이 있는 편집저작물도 저작권법에 따라 보호받는다.

● 사이트 참고: 국가법령정보센터 https://www.law.go.kr/main.html
(국가법령정보센터 〉 법령 〉 저작권법)

출판 계약

저작자와 출판사 모두 올바른 권리를 행사하고, 그에 합당한 대가를 받기 위해서는 앞서 설명한 저작권법에 대한 이해뿐만 아니라 서로 합의한 내용을 계약서로 명시하여 더욱 견고히 다지는 작업이 필요하다. 혹여나 나중에 저작자와 출판사 사이에 분쟁이 일어났을 때, 가장 먼저 확인하는 것이 바로 '계약서'이기 때문이다.

이 장에서는 다섯 개의 〈출판분야 표준계약서〉 제정안(출판권설정계약서, 단순출판허락계약서, 독점출판허락계약서, 배타적발행권설정계약서, 저작재산권양도계약서) 중 가장 일반적으로 사용되고 있는 〈출판권설정계약서〉를 문화체육관광부의 〈출판분야 표준계약서 해설〉을 참고하여 설명한다. 어려워 보이는 용어가 많더라도 꼭 숙지해야 할 내용이니 잘 이해해 두길 바란다.

출판권설정계약서
(아래의 표는 기획출판을 기초로 작성되었다)

문화체육관광부의 〈출판분야 표준계약서 해설〉에서는 출판권설정계약에 대해 다음과 같이 설명한다. 저작재산권자 ____ (이하 '**저자**'라고 한다)와(과) 출판권자 _____ (이하 '**출판사**'라고 한다)는(은) 아래의 저작물에 대하여 다음과 같이 출판권설정계약을 체결한다.

저작자의 표시	성명 : ______ 이명(필명) : ______
저작재산권자의 표시	성명 : ______ 생년월일 : ______
저작물의 표시	제호(가제) : ______________
저작물의 내용 개요	____________________

❙ 제1조 출판권의 설정

① 저자는 출판사에게 위에 표시된 저작물(이하 '위 저작물'이라고 함)에 대한 출판권을 설정한다.
② 제1항의 규정에 따라 출판사는 위 저작물을 원작 그대로 출판할 수 있는 독점적이고도 배타적인 권리를 가진다.

출판권설정계약서 제1조에서는 '출판권의 설정'에 대해 규정하고 있다. '출판권설정계약'은 계약서에 정한 범위 안에서 저작물을 발행하는 내용의 출판권을 설정한다는 점에서 일반적인 저작물에 관한 계약과는 다르다. 저작물의 직접적 지배를 내용으로 하기 때문에 **설정출판권자는 그 저작물의 이용에 관하여 당연히 독점적이며 배타적인 권리를 행사**할 수 있다.

❙ 제2조 출판권의 등록

① 저자는 본 저작물의 편집 및 출판, 전자책(e-Book) 제작에 관한 모든 권리, 즉 출판권을 '출판사'에 위임한다.
② 제1항에 따라 출판사가 출판권 설정 등록에 필요한 서류를 저자에게 요청 시 이에 적극 협력하여야 한다.

저작재산권자가 다른 출판사와 이중으로 똑같거나 유사한 저작물에 대한 출판 계약을 하는 경우에 다른 출판사로 하여금 이를 출판하지 못하도록 하려면 출판권이 등록되어 있어야 한다는 뜻이다.

❙ 제3조 배타적 이용

ㄱ 출판사와 계약을 한 상태에서 똑같거나, 비슷한 내용의 원고로 ㄴ 출판사와 계약하여 출판물을 내면 안 된다는 말이다. 또한 2항에서는 계약 기간 중 계약이 되어 있는 출판사의 동의 없이 저

① 저자는 이 계약 기간 중 위 저작물의 제호 및 내용의 전부와 동일 또는 유사한 저작물을 별도로 출판하거나 제3자로 하여금 출판하게 하여서는 아니 된다.
② 저자는 이 계약 기간 중 출판사의 사전 동의 없이 위 저작물의 개정판 또는 증보판을 직접 발행하거나 제3자로 하여금 발행하도록 하여서는 아니 된다.

작물의 개정판이나 증보판을 다른 출판사에서 발행해서는 안 된다고 명시한다. 이 조항은 저작권자가 꼭 신경 써야 하는 부분이다.

▌제4조 출판권의 존속기간 등

① 위 저작물의 출판권은 계약일 또는 발행일로부터 ___ 년간 존속한다.
② 저자 또는 출판사는 계약 기간 만료일 ___ 개월 전까지 문서로써 상대방에게 계약의 해지를 통고할 수 있으며, 이러한 해지 통고에 따라 계약 기간 만료일에 이 계약은 종료된다.
③ 제2항에 따른 해지 통고가 없는 경우에는 이 계약은 동일한 조건으로 1회에 한하여 ___ 개월 자동 연장된다.

보통 기획출판의 경우 5년, 자비출판의 경우 1~2년씩 계약한다. 계약이 끝나기 전에 변경사항이 없다면 동일한 조건으로 계약이 연장된다. 부동산 전·월세 계약을 연장하는 것과 비슷하다고 보면 된다.

❙ 제5조 완전원고의 인도와 발행 시기

① 저자는 ___ 년 ___ 월 ___ 일까지 위 저작물의 출판을 위하여 필요하고도 완전한 원고 또는 이에 상당한 자료(이하 '완전원고'라 줄임)를 출판사에게 인도하여야 한다. 다만, 부득이한 사정이 있을 때에는 출판사와 협의하여 그 기일을 변경할 수 있다.
② 출판사는 저자로부터 완전원고를 인도받은 날로부터 ___ 개월 내에 위 저작물을 출판하여야 한다. 다만, 부득이한 사정이 있을 때에는 저자와 협의하여 그 기일을 변경할 수 있다.

즉, 저작권자는 마감일까지 출판사에 완전한 원고를 넘겨야 한다는 말이다. 작가나 출판업계에 종사하는 인물을 다루는 드라마에서 작가가 마감일을 맞추기 위해 고뇌(?)하는 장면이 흔히 나오는데, 그들 모두 '완전원고의 인도와 발행 시기' 조항을 이행하기 위해 그토록 힘들게 원고를 쓰고 있던 것이다. 또한, 출판권자는 계약서에 명시한 기한까지 저작물을 출판해야 한다.

❙ 제6조 저작물의 내용에 따른 책임

위 저작물의 내용이 제3자의 저작권 등 법적 권리를 침해하여 출판사 또는 제3자에게 손해를 끼칠 경우에는 저자는 그에 관한 모든 책임을 진다.

타인의 저작물을 복제하거나, 권리를 침해하는 경우 모든 법적 책임은 저작권자에게 있다. 다른 사람의 저작물을 베낀다면 그동안의 노고가 물거품이 될 뿐만 아니라 출판사에도 막대한 피해를 끼치게 되므로, 그리고 그 모든 책임은 해당 저작권자에게 돌아가므로 각별히 주의해야 한다.

제7조 저작인격권의 존중

출판사는 저작자의 저작인격권을 존중하여 저작자가 저작물에 표시한 실명 또는 이명 등 성명을 올바르게 표시하여야 하며, 위 저작물의 제호, 내용 및 형식을 바꾸고자 할 때는 반드시 저작자의 동의를 얻어야 한다.

저작인격권이란 "저작자가 자신의 저작물에 대해 갖는 정신적·인격적 이익을 법률로써 보호받는 권리"를 말한다. 출판권자는 마음대로 작가명을 바꿀 수 없고, 바꾸고자 할 때는 반드시 저작자의 동의를 얻어야 한다.

제8조 교정

위 저작물의 내용 교정 및 교열은 저자의 책임 아래 출판사가 수행함을 원칙으로 한다. 다만, 저자는 출판사에게 교정 및 교열에 대한 협력을 요청할 수 있으며, 출판사는 저자의 요청에 따라 수행한 교정 및 교열 내용에 대하여 저자로부터 최종 확인을 받아야 한다.

원고의 편집 및 교정교열은 출판사, 그중에서도 담당 편집자가 한다. 다만, 편집자 혼자 이해하기 어렵거나 설명이 필요한 부분 혹은 추가 내용이 필요할 경우 저작권자에게 요청할 수 있다. 그렇게 수행된 최종적인 결과물은 출판권자의 확인이 필요하다.

▎제9조 저작물의 수정증감 및 비용부담

① 저자는 출판권의 목적인 위 저작물을 중쇄 또는 중판하는 경우에 정당한 범위 안에서 그 저작물의 내용을 수정하거나 증감할 수 있다.
② 위 저작물의 저작에 필요한 비용은 저자가 부담하고 출판물의 제작 및 판매에 따른 비용은 출판사가 부담한다.
③ 초판 1쇄 발행 이후 중쇄 또는 중판을 발행함에 있어 저자의 요청에 따른 수정, 증감 등에 의하여 통상의 제작비를 현저히 초과하는 경우 그 초과금액에 대한 저자의 부담액은 저자와 출판사가 협의하여 정한다. 이때 통상의 제작비는 초판 1쇄 발행 비용을 기준으로 산정한다.

1항과 2항에서는 저작권자에게 도서 내용을 추가 또는 수정할 수 있다고 명시한다. 출판권자가 내용의 변경을 원할 경우엔 반드시 해당 저작권자에게 동의를 구해야 한다.

3항과 4항에서는 저작물의 비용부담에 대해 설명한다. 원고를 완성하기까지 드는 비용은 저작자가, 출판물의 제작, 홍보 및 판매에 드는 비용은 출판사에서 부담한다. 중쇄 시 저작권자가 출판사에 수정을 요청했을 때 제작비(편집비, 디자인비 등)가 초과하는 경우 출판권자는 저작권자에게 이에 필요한 비용을 요청할 수 있다.

▌제10조 저작권의 표지 등

> ① 출판사는 위 저작물의 출판물에 적당한 방법으로 저작자 및 저작재산권자의 성명과 발행 연월일 등 저작권 표지를 하여야 한다.
> ② 저자와 출판사는 검인지를 생략한다.

모든 책에는 저작자 및 저작재산권자의 성명과 발행 연월일 등이 기재된 '판권지'가 포함된다. 복제권자의 표지는 다음의 구분에 따라 해야 하고, 정기간행물의 경우에는 해당되지 않는다.

1. 복제의 대상이 외국인의 저작물일 경우에는 복제권자의 성명 및 맨 처음의 발행 연도의 표지

2. 복제의 대상이 대한민국 국민의 저작물일 경우에는 복제권자의 성명 및 맨 처음의 발행 연도의 표지 및 복제권자의 검인

3. 출판권자가 복제권의 양도를 받은 경우에는 그 취지의 표시

제11조 정가, 판형, 제책 방식 등

① 위 저작물의 출판물에 대한 정가, 판형, 제책 방식 등은 출판사가 결정한다. 다만, 저자가 출판사에게 이에 대한 의견을 표시한 경우 출판사는 적극적으로 저자와 협의하여야 한다.
② 중쇄(판)의 시기 및 홍보 · 광고, 판매의 방법 등은 출판사가 결정한다. 다만, 출판사는 사전에 저자와 이를 협의할 수 있다.
③ 출판사는 출판물을 홍보 · 광고함에 있어 저자의 명예를 훼손하여서는 아니 된다.

'저작에 필요한 비용은 저자가 부담하고 출판물의 제작, 홍보, 광고 및 판매에 따른 비용은 출판사가 부담한다'는 원칙에 따라 출판물에 대한 정가, 판형, 제책 방식, 중쇄 시기 및 홍보, 판매는 출판사에서 결정한다. 다만 저작권자에게 출판사의 방식과 다른 의견이 있을 경우 서로 협의가 필요하다.

제12조 계속 출판의 의무

출판사는 출판권이 존속하는 기간 동안 해당 도서를 구매하는 데 지장이 없도록 항상 출판해야 할 의무가 있다.

출판사는 이 계약 기간 중 위 저작물을 계속 출판하여야 한다.

▌제13조 저작권사용료 등

① 출판사는 저자에게 정가의 ____ 퍼센트에 해당하는 금액에 발행(또는 판매) 부수를 곱한 금액을 저작권사용료로 지급한다.
② 출판사는 ____ 개월에 한 번씩 발행(또는 판매) 부수를 저자에게 통보하고 통보 후 30~90일 이내에 그 기간에 해당하는 저작권사용료를 지급하여야 한다.
③ 저자는 납본, 증정, 신간 안내, 서평, 홍보 등을 위하여 제공되는 부수에 대하여는 저작권사용료를 면제한다.

'인세'에 관한 조항으로, 어떻게 보면 출판권설정계약서 내용 중 저작권자와 출판권자에게 가장 중요한 부분이다. 인세는 보통 30~90일 이내에 지급하는 것으로 하지만 이 부분은 출판사마다 다르기 때문에 계약하려는 출판사의 계약서를 확인해야 한다. 바른북스 출판사의 경우 월 정산을 기본으로 하기에, 1월에 판매된 도서는 2월에 지급하고 있다.

▌제14조 선급금

출판사는 계약과 동시에 저작자에게 계약금(선인세)를 지급해야 한다. 물론 계약에 따라 상이하다. 선인세(선급금)를 지급하는 곳도 있지만 선인세 없이 진행하는 곳도 있기 때문이다.

> ① 출판사는 이 계약과 동시에 선급금으로 _____ 원을 저자에게 지급한다.
> ② 출판사는 초판 제1쇄 발행 시 지급할 저작권사용료에서 제1항의 선급금을 공제한다.

▎제15조 저자에 대한 증정본 등

> ① 출판사는 초판(개정판) 1쇄 발행 시 __ 부를 저자에게 증정한다.
> ② 저자가 제1항의 부수를 초과하는 출판물이 필요한 경우 정가의 ___ 퍼센트에 해당하는 금액으로 출판사로부터 구입할 수 있다.

출판사는 초판을 발행했을 때 일정 부수를 저작권자에게 증정해야 한다. 만약 저작권자가 계약서에 정한 증정 부수 이상의 도서가 필요하다면 출판사에서 정가보다 할인된 가격으로 구입할 수 있다. 일반적으로 정가의 60~70% 정도에 구입이 가능하다.

▎제16조 2차적저작물 및 재사용 이용허락

해당 저작물을 원저작물로 하여 2차적저작물(원저작물을 번역, 각색한 영화, 드라마 등)로 만들 경우 저작자의 허락이 있어야 이를 실행할 수 있다. 2차적저작물로 활용할 경우 발생하는 사항은 출판권자에게 위임할 수 있으며 계약에 따라 2차적저작물에 대한 권리를 출판사 또는 저자로 변경할 수 있다.

① 이 계약 기간 중에 위 저작물이 번역, 각색, 변형 등에 의하여 2차적저작물로서 연극, 영화, 방송 등에 사용될 경우 그에 관한 이용 허락 등 모든 권리는 저자에게 있으며, 이때 발생하는 저작권사용료의 징수 등에 관한 사항에 대하여 출판사에게 위임할 수 있다.
② 이 계약의 목적물인 위 저작물의 내용 중 일부가 제3자에 의하여 재사용되는 경우, 저자는 그에 관한 이용을 허락하며, 이때 발생하는 저작권사용료의 징수 등에 관한 사항에 대해 출판사에게 위임할 수 있다.
③ 저자는 위 저작물을 원저작물로 하는 2차적저작물의 수출에 관한 사항의 전부 또는 일부를 출판사에게 위임할 수 있다.

❙ 제17조 전집 또는 선집 등에의 수록

이 계약 기간 중에 저자가 위 저작물을 자신의 전집이나 선집 등에 수록, 출판할 때는 미리 출판사의 동의를 얻어야 한다.

말 그대로 계약 기간 중 다른 도서에 위 저작물을 수록, 출판할 경우 출판권자의 동의를 얻어야 한다.

❙ 제18조 저작재산권, 출판권의 양도 등

저작권자가 저작물의 전체 또는 일부를 타인에게 양도할 경우 이를 출판사에 알려야 하고, 서면으로 동의를 얻어야 한다.

① 저자는 위 저작물의 복제권 및 배포권의 전부 또는 일부를 제3자에게 양도하거나 이에 대하여 질권을 설정하고자 하는 경우에는 사전에 이를 출판사에 통보하여야 한다.
② 출판사는 위 저작물의 출판권을 제3자에게 양도하거나 이에 대하여 질권을 설정하고자 하는 경우에는 반드시 저자의 문서에 의한 동의를 얻어야 한다.

제19조 판면파일의 매수 요청

① 저자는 위 저작물이 게재된 출판물의 판면을 그대로 이용하여 전자책(e-Book) 등 비종이책의 제작을 제3자에게 허락하고자 할 경우 출판사는 저자에게 위 저작물의 교정 및 편집에 따른 비용을 감안하여 판면파일의 매수를 요청할 수 있다.
② 제1항에 따라 출판사는 저자에게 출판물의 판면파일을 양도하는 경우 그것의 구체적인 금액 등에 관한 사항은 별도로 합의한다.

저작물에 대한 저작권은 당연히 저작자에게 있지만, 원고를 도서의 형태로 제작하려면 교정교열 및 편집 디자인이 반영된 원고, 즉 인쇄를 위한 원고로서의 파일이 만들어진다. 이는 출판사의 투자와 노력으로 만들어진다는 점에서 출판권자에게 소유권이 있다. 때문에 저작자가 제3자에게 해당 인쇄 파일의 활용을 허락하고자 할 때 출판사에 비용을 지불해야 한다.

▍제20조 계약 내용의 변경

이 계약은 저자와 출판사 쌍방의 합의에 의하여 변경할 수 있다. 이에 대한 합의는 서면으로 한다.

▍제21조 계약의 해지 또는 해제

여러 가지 이유로 계약이 파기된 경우, 우선 상대방에게 계약 위반 사실을 알려야 한다. 그리고 일정 기간을 주어 계약 내용을 제대로 이행할 수 있도록 한다. 1항과 같은 조치에도 불구하고 이행하지 않을 경우 상대방과의 계약을 해지 또는 해제하고 손해배상을 청구할 수 있다.

① 저자 또는 출판사가 이 계약에서 정한 사항을 위반하였을 경우 그 상대방은 ____ 일(개월) 이상의 기간을 정하여 제대로 이행할 것을 알릴 수 있다.
② 제1항의 조치에도 불구하고 이를 이행하지 아니하는 경우 그 상대방은 이 계약을 해지 또는 해제할 수 있고, 그로 인한 손해의 배상을 청구할 수 있다.

▌제22조 재해, 사고

천재지변, 그 밖의 불가항력의 재난으로 저자 또는 출판사가 손해를 입거나 계약 이행이 지체 또는 불가능하게 된 경우에는 서로의 책임을 면제하며, 후속 조치를 쌍방이 합의하여 결정한다.

▌제23조 비밀 유지

저자 또는 출판사가 이 계약의 체결 및 이행과정에서 알게 된 상대방 및 상대방의 거래처 등에 관한 모든 비밀 정보를, 상대방의 서면에 의한 승낙 없이 제3자에게 누설하여서는 아니 된다.

서로 긴밀한 관계 속에서 계약을 체결하고 이행하다 보면 본의 아니게 상대방의 영업비밀이나 사생활 등에 관한 정보를 인지하게 될 것이므로, 이에 관한 주의를 환기시키는 내용이다.

▌제24조 계약의 해석 및 보완

이 계약에 명시되어 있지 아니한 사항에 대하여는 저자 또는 출판사가 합의하여 정할 수 있고, 해석상 이견이 있을 경우에는 저작권법 등 관련법률 및 계약해석의 원칙에 따라 해결한다.

아무리 완벽한 계약서라고 하더라도 이를 이행하다 보면 계약 내용만으로는 적용하기 어려운 상황이 오기 마련이다. 해석상 이견이 있는 경우에는 관련법률이나 일반적인 계약해석의 원칙에 따라 해결한다고 규정한다.

제25조 분쟁의 해결

① 이 계약과 관련한 분쟁이 발생할 경우 저자 또는 출판사가 제소에 앞서 한국저작권위원회의 조정을 받을 수 있다.
② 저자 또는 출판사 사이에 제기되는 소송은 ______ 법원을 제1심 법원으로 한다.

타인의 저작물을 이용하려면

다른 사람의 글이나 사진, 도표 등을 전혀 인용하지 않고 책 한 권을 온전히 자기 생각으로 채우기란 쉽지 않다. 저작자의 어려움을 이해라도 하는지 저작권법 제28조에서는 “공표된 저작물은 보도·비평·교육·연구 등을 위하여는 정당한 범위 안에서 공정한 관행에 합치되게 이를 인용할 수 있다”라고 너그러이 명시하고 있다.

그렇다면 저작권법에서 말하는 ‘정당한 범위 안에서 인용하는 것’이란 무엇일까? 한국법령정보원과 공공누리 홈페이지의 자료를 참고하여 알아보도록 하자.

저작권자의 허락이 필요한 저작물 이용

- 저작재산권자는 다른 사람에게 그 저작물의 이용을 허락할 수 있다(《저작권법》 제46조 제1 · 2항).
- 저작재산권자의 이용허락을 받은 저작물이라 하더라도 저작재산권자의 동의 없이 다른 사람에게 양도할 수 없다(《저작권법》 제46조 제3항).

저작물의 이용허락은 '통상실시권(단순 이용허락)'과 '독점실시권(독점적 이용허락)'으로 나눌 수 있다. 통상실시권은 저작재산권자가 제3자에게 이용을 허락해 주는 경우로, 이용허락을 받은 사용자는 저작자가 허락한 이용 방법 및 조건의 범위에서 저작물을 자유롭게 이용할 수는 있지만 이를 독점적·배타적으로 이용할 권한은 없다.

독점적 이용허락은 이용자가 일정한 범위에서 저작물을 독점적으로 이용하도록 계약을 체결한 경우이다. 저작재산권자가 이용자 이외의 다른 사람에게 저작물을 이용하도록 허락해 주었으면 이용자는 저작재산권자를 상대로 독점적 이용허락 계약 위반에 따른 손해배상을 청구할 수 있다. 저작권이 있지만 저작권자의 허락 없이 이용할 수 있기도 하다.

저작권자의 허락이 필요 없는 저작물 이용

첫째, 국가 또는 지방자치단체가 업무상 작성하여 공표한 저작물이나 계약에 따라 저작재산권의 전부를 보유한 저작물과 같이 공공저작물일 경우 저작권자의 허락을 받지 않고 자유롭게 이용할 수 있다. 다만, 저작물이 다음의 어느 하나에 해당하면 허락 없이 이용할 수 없다(《저작권법》 제24조의2 제1항).

- ✓ 국가안전보장에 관련되는 정보를 포함하는 경우
- ✓ 개인의 사생활 또는 사업상 비밀에 해당하는 경우
- ✓ 다른 법률에 따라 공개가 제한되는 정보를 포함하는 경우
- ✓ 한국저작권위원회에 등록된 저작물로서 〈국유재산법〉에 따른 국유재산 또는 〈공유재산 및 물품 관리법〉에 따른 공유재산으로 관리되는 경우

❙ 공공누리 저작물

'공공누리'란 공공저작물 자유이용허락 표시제도로서 공공저작물의 민간 활용을 촉진하고자 개발된 라이선스이다(공공누리가 표시된 저작물을 이용하는 경우 별도의 비용이 들지 않고, 이용허락 기간의 제한이 없으며, 이용조건만 준수한다면 복제·배포·공중송신·공연·대여 등의 모든 저작재산권을 자유롭게 이용할 수 있다(《공공데이터의 제공 및 이용 활성화에 관한 법률》 제26조 제1항 및 공공누리 홈페이지)).

공공누리 제1 유형 : 출처표시	**공공누리 제2 유형** : 출처표시 +상업적 이용금지	**공공누리 제3 유형** : 출처표시 +변경금지	**공공누리 제4 유형** : 출처표시 +상업적 이용금지 +변경금지
OPEN 출처표시 공공누리 공공저작물 자유이용허락	OPEN 출처표시 상업용금지 공공누리 공공저작물 자유이용허락	OPEN 출처표시 변경금지 공공누리 공공저작물 자유이용허락	OPEN 출처표시 상업용금지 변경금지 공공누리 공공저작물 자유이용허락
· 출처표시 · 상업적, 비상업적 이용만 가능 · 변형 등 2차적저작물 작성 가능	· 출처표시 · 비상업적 이용만 가능 · 변형 등 2차적저작물 작성 가능	· 출처표시 · 상업적, 비상업적 이용 가능 · 변형 등 2차적저작물 작성 금지	· 출처표시 · 비상업적 이용만 가능 · 변형 등 2차적저작물 작성 금지

둘째, 학교 교육 목적에 이용하는 저작물일 경우. 교육 기관은 그 수업 목적상 필요하다고 인정되면 공표된 저작물을 복제·배포·공연·전시할 수 있다(〈저작권법〉 제25조 제2항). 또한 고등학교 및 이에 준하는 학교 이하의 학교에서 교육 목적상 필요한 교과용 도서에 게재하기 위하여 저작물을 번역, 편곡 또는 개작하여 이용할 수 있다. 만약 당신의 저작물이 교과용 도서에 게재된다면 〈교과용 도서의 저작물 이용 보상금 기준〉에 따라 한국복제전송저작권협회에서 보상금을 받을 수 있으니 꼭 알아 두자.

셋째, 시각장애인 등의 복리증진을 목적으로 하는 시설은 공표된 어문저작물을 녹음하거나 그들을 위한 전용 기록 방식(점자, 디지털음성정보기록방식 등)**으로 복제·배포 또는 전송할 수 있다**(〈저작권법〉 제33조 제1항·제2항·제3항 및 〈저작권법〉 제15조). '시각장애인 등'이라 함은 다음 중 어느 하나에 해당하는 사람을 말한다.

- 시각장애인
- 신체적 또는 정신적 장애로 인해 도서를 다루지 못하거나 독서 능력이 뚜렷하게 손상되어 정상적인 독서를 할 수 없는 사람

다만 현재 급격히 성장하고 있는 오디오북과 같은 녹음의 복제·배포, 전송의 경우에는 비영리적인 목적으로 사용할 경우에만 자유롭게 이용할 수 있다.

폰트에도 주인이 있다

A 씨가 몇 년 동안 준비해 온 원고가 드디어 책으로 출판되었다. 어째서인지 후련해야 할 A 씨의 표정이 좋지 않다. 그의 손에는 폰트업체로부터 받은 저작권 침해 경고장이 들려 있다. 무심코 사용한 무료폰트 파일이 문제가 된 것이다. '분명 인터넷에서 무료로 배포된 폰트였는데?' 하고 억울해해 봤자 이미 내용증명을 받은 후다.

이처럼 출판업계에서 폰트 저작권은 골칫거리가 되었다. 저작권, 특히 폰트 저작권에 대한 의식이 무지해 무분별하게 사용했던 과거와 달리 언제 어디서나 손쉽게 정보를 찾을 수 있는 요즘에는 허락받지 않은 폰트를 사용한 출판물을 찾아내기가 더

쉬워졌다. 게다가 저작권 침해 경고장을 발송하는 폰트업체가 늘고 있으니 출간 후 머리 아프지 않으려면 폰트 저작권에 대해 반드시 알아야 한다. 폰트, 어떻게 사용해야 뒤탈이 없을까?

폰트에는 없고 폰트 파일에는 있다

우리나라에서는 폰트(글자체) 디자인의 저작권은 인정하지 않는다. 폰트에도 주인이 있다면서, 이게 무슨 말이냐고? 우리가 흔히 말하는 '폰트'는 일반적으로 특정한 모양의 글자 집합을 의미하는 '글자체'를 뜻한다. 하지만 저작권법에서 말하는 '폰트'는 글자체가 아닌 컴퓨터 등에서 글자를 나타내기 위해 글자체를 디지털화한 '폰트 파일(글꼴 파일)'을 의미한다.

폰트 파일의 소스코드로 컴퓨터 등 장치 내에서 지시, 명령을 할 수 있으므로 미술저작물이 아닌 컴퓨터프로그램저작물에 해당한다. 따라서 폰트 파일에는 저작권이 있다. 예를 들어 저작권법상에서 궁서체, 고딕체, 명조체 등 글자의 모양은 '글꼴', 궁서체.ttf, 고딕체.otf 같은 파일은 '폰트 파일'이라고 하는 것이다.

✓ 폰트 도안은 일부 창작성이 포함되어 있고 문자의 실용성에 부수하여 미감을 불러일으킬 수 있는 점은 인정되나, 그 미적 요소 내지 창작성이 문자의 본래의 기능으로부터 분리, 독립되어 별도의 감상의 대상이 될 정도의 독자적 존재를 인정하기는 어렵다고 할 것이어서 그 자체가 …중략… 저작권법상 보호의 대상인 저작물 내지 미술저작물로 인정하기는 어렵다고 할 것이다(서울고등법원 1994. 4. 6. 선고 93구25075판결).

✓ 폰트 파일의 소스코드는 …중략… 컴퓨터 내에서 특정한 모양의 폰트의 윤곽선을 크기, 장평, 굵기, 기울기 등을 조절하여 반복적이고 편리하게 출력하도록 특정한 결과를 얻기 위하여 프로그래밍 언어의 일종인 포스트스크립트 언어로 제작된 표현물이고 …중략… 그 내용도 좌푯값과 좌푯값을 연결하는 일련의 지시, 명령으로 이루어져 있으므로, 구 컴퓨터프로그램보호법상의 컴퓨터프로그램에 해당한다(대법원 2001. 6. 29. 선고 99다23246 판결).

무료폰트는 자유롭게 사용할 수 있을까?

인터넷을 통해 블로그에서 쉽게 내려받아 사용할 수 있는 폰트, 혹은 매년 한글날마다 기업들이 배포하는 폰트 등 무료로 구할 수 있는 경로는 생각보다 많다. 하지만 무료라고 올라온 파일을 마음대로 써 버리면 큰코다치기에 십상이다. 무료의 범주에도 여러 갈래가 있다. 예를 들어, 네이버 나눔글꼴과 배달의민족 폰트 라이선스에는 기업 및 단체 또는 개인 누구나 무료로 사용할 수 있다고 명시한다. 다만 폰트 파일을 재판매하는 것은 금지하고 있다.

한국출판인회의는 전자출판 콘텐츠 생산강화와 전자책 시장 활성화를 목적으로 'KoPub 서체'를 개발하여 무료 배포했다. 이 또한 별도의 허가절차 없이 사용 가능하다. 또한 '여기어때 잘난체'의 경우 상업적 목적으로 사용할 수 있지만 상품에 사용할 경우 글꼴 변형 없이 그대로 사용해야 하며, 필수적으로 여기어때 잘난체 라이선스 혹은 출처 표기를 해야 한다고 명시한다. 이처럼 무료로 배포한 글꼴이라도 무료로 사용할 수 있는 범위가 다르다. 때문에 꼭 해당 홈페이지에 가서 라이선스를 확인해 보기 바란다.

출판물에 사용할 수 있는 폰트

아래의 폰트들은 기업, 혹은 개인을 포함한 모든 사용자가 별도의 허가절차 없이 무료로 사용할 수 있다. 단, 세부적인 내용은 해당 홈페이지에서 라이선스 약관을 참고하기 바란다.

전자출판 진흥 사업 KoPubWorld 서체	KoPubWorld 돋움체 KopubWorld 바탕체
네이버 나눔글꼴	나눔스퀘어 라운드 나눔스퀘어 나눔바른펜 나눔바른고딕 나눔고딕 나눔명조
배달의 민족 무료글꼴	배달의 민족 한나체 배달의 민족 주아체 배달의 민족 도현체 배달의 민족 연성체 배달의 민족 기랑해랑체

어디서부터 표절인가

표절이란 다른 사람의 저작물을 도용하여 자신이 최초 창작자인 것처럼 행세하는 것을 말한다. 엄밀히 말하자면, '표절'은 윤리적 개념이고 저작권과 관련한 법률 용어로는 '저작권 침해'라고 말할 수 있다. 저작권이 특히 중요한 학문이나 예술의 영역에서 표절은 윤리적으로 일어나서는 안 되는 일이다. 하지만 표절 시비는 지금도 출판계뿐만 아니라 학문이나 예술 등 다양한 분야에서 지속적으로 제기되고 있다. 생판 모르는 사람이 내 자식을 자기 자식인 양 행세하는 어이없는 일을 누가 이해할 수 있겠는가? 저작권자의 허락을 받지 않은 창작물을 사용하는 순간 이미 '저작물 도둑질'을 하고 있는 것이다.

인용과 모방, 그리고 표절

인용

끌 인(引)에, 쓸 용(用). 타인의 말이나 조사 결과 등을 자신의 글 속에 가져다가 빌려 쓰는 것을 인용이라고 한다. 공표된 저작물은 정당한 범위에서 공정한 관행에 합치되게 인용해야 하는데, '정당한 범위에서 공정한 관행에 합치되게 인용'했는지의 판단은 인용의 목적, 저작물의 성질, 인용된 내용과 분량, 피인용 저작물을 수록한 방법과 형태, 독자의 일반적 관념, 원저작물에 대한 수요를 대체하는지의 여부 등을 종합적으로 고려하여 판단해야 한다(대법원 1997. 11. 25. 선고 97도222 판결). 타인의 저작물을 인용할 때에는 저작자의 실명이나 이명을 명시해야 하는데, 출처를 명시하지 않은 경우에는 500만 원 이하의 벌금에 처할 수 있다(《저작권법》 제138조 제2호).

모방

'모방'을 한마디로 정의하자면 '다른 사람의 행위나 저작물을 보고 비슷하게 따라 하는 것'이다. 모방이 무조건 나쁜 것은 아니다. "모방은 창조의 어머니"라고 말하는 아리스토텔레스는 모방의 중요성을 강조했다. 사실 사회적 동물인 인간에게 모방은 자연스러운 특성인데, 끊임없이 발생하는 유행만 봐도 알 수 있다. 모방을 통해 새로운 창작물이 탄생하기도 한다. 하지만 여기서 문제가 발생한다. 잘 사용하면 약이 되고 잘못 사용하면 독이 되는 모방. 분위기나 흐름의 유사성이 도를 지나쳐 다른 저작물을 그대로 가져다 쓰는 경우라면? 모방과 표절은 한 끗 차이니 조심, 또 조심하자.

▍표절

표절(plagiarism)은 '어린아이 납치범'이라는 뜻의 라틴어에서 유래했다. 다른 사람의 창의를 무단 인용하는 것은 남의 '정신적 아이'를 훔치는 것과 같다는 뜻일 것이다.[19] 가장 기본적인 사용 방법인 출처 명시나 정당한 승인이 이루어지지 않음으로써 타인의 창작 행위를 무시하고 이득을 취한다는 점에서 도덕적으로 용서될 수 없는 행위가 바로 표절이다. 표절에도 다양한 종류가 있는데 아이디어 표절, 텍스트 표절, 모자이크 표절(짜깁기 표절), 그밖에도 자신의 저작물을 베끼는 자기표절도 표절로 명시된다. 특히 저작권법에서는 문학과 같은 순수예술에 대한 표절 여부를 명확하게 판단하기보다 최소한의 기준만 적용하는데, 창작자들의 발상이 제한될 수 있으므로 아이디어보다 독창적 표현을 보호하기 때문이다.

표절의 판단 기준은?

그렇다면 표절이 실제로 저작권 침해에 해당하는지를 판단하기 위해서는 어떤 요건이 충족되어야 할까?

- ✓ 침해자가 저작자의 저작물을 이용하였을 것, 즉 창작적 표현을 복제하였을 것
- ✓ 침해자가 저작자의 저작물에 '의거'하여 이를 이용하였을 것
- ✓ 저작자의 저작물과 침해자의 저작물 사이에 실질적 유사성이 있을 것

(수원지법 2006. 10. 20. 선고 2006가합8583 판결)

첫째, 창작적 표현을 복제했을 경우. '세종대왕'을 소재로 한 드라마 〈뿌리 깊은 나무〉와 영화 〈천문〉. 두 작품이 세종대왕을 소재(아이디어)로 했다는 것만으로는 저작권법상 아무 문제가 되지 않는다. 그러나 플롯이 유사하거나, 대사가 유사하거나, 등장인물의 특징이나 묘사 등 창작성이 들어간 표현이 유사할 경우엔 표절 문제가 될 여지가 있다.

둘째, 의거성이 있는 경우. 기존의 저작물에 의거하여 작성했거나, 복제물이 기존의 저작물과 유사한지 판단해야 한다. 예를 들어 같은 부분에서 똑같은 오탈자가 발생할 경우 유사성이 인정되어 의거성이 있다고 볼 수 있다.

셋째, 저작권 침해의 객관적 요건인 '실질적 유사성'이 있는가이다. 실질적 유사성이란, 원저작물과 침해 저작물 사이에 동일성이 인정되는 것을 의미하는데, 타인의 저작물에서 아이디어를 얻어 새로운 저작물을 만들었는데 실질적 유사성이 없으면 표절로 볼 수 없을 뿐만 아니라 별개의 저작물로 인정된다.

Q&A
못다 한 저작권 이야기

저작물 이용허락표시(CCL)란?

'이용허락표시(Creative Commons License : CCL)'는 본인의 창작물에 대해 일정한 조건하에 다른 사람이 자유롭게 이용할 수 있도록 미리 허락하는 라이선스다. 원칙적으로 저작물의 이용허락은 당사자 간의 계약을 통해서 이루어지지만 CCL이 적용된 저작물을 이용하려는 사람은 저작자에게 별도로 허락을 받지 않아도, 저작자가 표시한 이용허락조건에 따라 자유롭게 저작물을 이용할 수 있다.

CCL을 구성하는 이용허락조건은 4개가 있으며, 이 이용허락조건들을 조합한 6종류의 CCL이 존재한다.

사진 이미지 제공 사이트에서 이미지를 자유롭게 이용해도 괜찮을까?

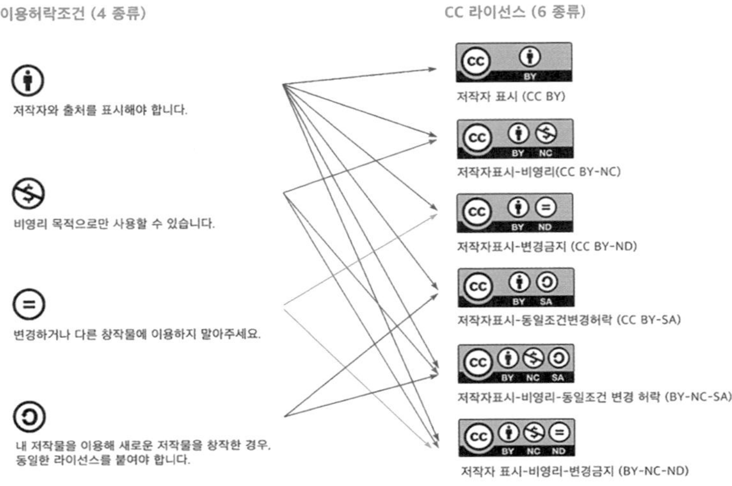

출처: 크리에이티브 커먼즈 코리아 홈페이지

❙ CC0(퍼블릭도메인)

CC0(퍼블릭도메인)는 법적으로 허용되는 최대한도로 저작권과 저작인접권을 포기한다는 권리자의 의사표시다. CC0는 저작권이 소멸된 저작물로, 저작권 보호 기간이 지나 저작권이 만료된 저작물 혹은 저작권자가 저작권을 포기한 저작물이 이에 해당한다. 저작물의 자유로운 이용이 방해되는 문제를 해결할 수 있고, 과학데이터와 같이 저작자의 표시가 중요하지 않거나 이를 실제로 표시하기 힘든 경우 유용하게 쓰인다. 또한, CC0는 각국의 저작물에 탄력적으로 적용될 수 있고 의사표시가 명확하다는 이점이 있다.

저작권 등록은 어떻게 할까?

저작권 등록이란 저작물에 관한 일정한 사항(저작자 성명, 창작연월일, 맨 처음 공표연월일 등)과 법률관계를 저작권등록부라는 공적인 장부에 등재하고 일반 국민에게 공개, 열람하도록 공시하는 것을 말한다.

물론 별도의 등록을 하지 않아도 저작권자에게 권리가 있긴 하지만 저작권 등록을 하지 않으면 만약 분쟁이 발생할 경우 권리가 있다는 것을 주장하는 데 많은 어려움이 있다. 저작자로 성명이 등록된 자는 그 등록 저작물의 저작자로 추정받을 수 있고, 등록되어 있는 저작물의 저작권을 침해한 자는 그 침해 행위에 과실이 있는 것으로 추정을 받는다. 또한, 침해 행위가 일어나기 전에 미리 저작물을 등록하면, 실손해를 입증하지 않아도 법에서 정한 일정한 금액을 손해액으로 청구할 수 있도록 법정손해배상제도를 이용할 수 있으니 저작권 등록으로 자신의 권리를 확실히 보호받는 것이 좋다.

저작권 등록 방법은 필요한 서류(① 저작권 등록 신청서 ② 저작권 복제물 ③ 등록 신청서 ④ 공표연월일 ⑤ 등록세 영수증 ⑥ 등록 사유 증명 서류 ⑦ 수수료 등)를 준비하여 한국저작권위원회 방문, 우편 혹은 인터넷으로 저작권 등록 신청을 하면 된다. 심사 후 적법한 경우에만 등록증을 발급받을 수 있으니 반려되지 않게 꼼꼼히 확인하고 신청하자.

7장

마케팅, 다양한 방향으로 탐색하라

불황이어도 팔릴 책은 팔린다

불황 속 호황의 비결은?

텔레비전, 영화, 유튜브…….

문화생활을 즐길 수 있는 매체가 넘쳐 나면서 종이책을 사 읽는 사람은 점점 줄어들었다. 수많은 서점이 폐업했고 모두 출판계는 위기에 직면했다고 말한다. 그렇지만 불황이어도 여전히 많은 신간 도서들이 시장에 나오고 베스트셀러 순위는 갱신된다. 그 책들은 불황 속에서 어떻게 살아남았을까?

세상에 그냥 잘 팔리는 책은 없다. 그렇다면 소위 잘 팔리는 책인 베스트셀러는 어떻게 만들어졌을까? 작가가 유명해서, 내용이 참신해서, 표지가 잘 나와서, 트렌드에 딱 들어맞아서, 적극적으로 홍보해서……. 베스트셀러의 요건은 다양하다. 하지만 이 중 한 가지 요건만 충족했다고 해서 베스트셀러가 탄생하는 것은 아니다. 작가는 유명하지만 내용이 전공 교재처럼 어렵다면? 책 내용은 너무 참신하고 좋았지만 아무도 궁금해하지 않는 주제라면? 베스트셀러는 여러 가지 요소가 시너지를 일으켜 만들어진다.

장제목을 살펴보면 알 수 있듯이, 이번 장의 주제는 마케팅이다. 책이 가진 장점을 극대화하여 예비 독자들에게 알리는 것을 출판 마케팅이라고 한다. 그러나 홍보는 하나의 요소일 뿐이다. 단지 홍보만 잘한다고 해서 책이 잘 팔리는 것은 아니다. 더군다나 〈출판 상담 시 어떤 질문을 해야 할까?〉에서 언급했듯, 출판사도 이윤을 추구하는 회사이기 때문에 '선택과 집중'을 중요시한다. 모든 책을 광고할 수는 없다. 위에 언급한 베스트셀러 요건에 부합하는 도서들만 선택하여 홍보에 집중해야 한다.

'신간 평대'는 갓 출간된 도서가 세상에 처음 모습을 선보이는 아주 중요한 자리이다. 예비 독자의 눈에 띌 수 있는 첫 무대인 것이다. 서점 MD는 출판사와의 미팅 후 신간 평대에 올릴 도서를 선정한다. 당연히 출판사는 자신들의 신간 도서를 좋은 자리에 올리기 위해 고군분투할 것이다. 하지만 '신간 평대'의 공간은 한정적이다. 사실상 신간을 냈다고 신간 평대에 당신의 책이 놓일 거라는 기대는 하지 않는 게 좋다. 대부분의 책은 일부러 찾으려고 해야만 찾을 수 있는 안쪽 책장에 꽂힌다. 서점도 시장에서 살아남기 위해 매출을 최우선 순위로 놓기 때문이다.

서점 MD도 출판사와 마찬가지로 선택과 집중을 해야만 한다. 신간 평대의 공간이 한정적이니 '팔릴 책'을 위주로 매대에 올려야 한다. 여기서 '팔릴 책'이란 위에서 언급한 베스트셀러의 요건들을 충족하는 도서들이다. 트렌드에 꼭 맞는 주제, 대중들이 친숙하게 느낄 만큼 유명한 저자, 누구나 호기심이 들 만큼 참신하고 핵심적인 내용 등 독자들의 눈길을 끌 만한 도서들을 위주로 선정한다. 때문에 마케팅을 논하기 이전에 내 원고에 이러한 요소들이 없는지 잘 살펴야 한다.

《바보아저씨의 경제 이야기》 시리즈를 예로 들어 보겠다. 이 책의 작가는 '바보아저씨'라는 필명을 사용하는 일반인이다. 이름도 알려지지 않아 작가의 유명세로 책이 팔리는 것은 기대할 수 없다. 그럼에도 2개월 만에 경제 부문 베스트 10위 안에 들었다. 현재도 베스트셀러 100위 안에 굳건히 자리를 지킨다. 《바보아저씨의 경제 이야기》의 성공 비결은 무엇인가?

그 비결은 바로 '시대적 트렌드'에 있다. 《바보아저씨의 경제 이야기》 시리즈는 '경제'라는 어려운 주제를 가지고 있음에도 중학생도 이해할 수 있을 만큼 쉽게 쓰였다. 경제를 깊게 공부하고 싶지는 않지만, 얕은 지식을 빠른 시간 안에 습득하고 싶은 현대인의 니즈(needs)를 제대로 들어맞힌 것이다. 작가의 글에 탄탄한 공감대가 구축되니 성공을 예견하는 것은 당연했다.

하지만 이 성공 뒤에는 작가의 간절한 노력도 담겨 있었다. 브런치, 네이버 포스트에 꾸준히 글을 올리고, 경제 관련 인터넷 카페에서 활동하며 책 홍보를 했다. 서평단도 모집하고, 지식인 답변도 작가가 직접 단다. 작가는 책 한 권의 인세만으로 연 4~5천만 원을 번다.

시대적 트렌드에 민감하게 반응하여 독자들의 공감을 이끄는 것에 더해 적극적인 홍보로 뒷받침하는 이 일련의 과정들이 바로 불황 속 호황의 비결이다. 이처럼 베스트셀러는 여러 가지 장점들이 시너지를 일으켜 탄생한다. 물론 여기에는 적절한 운도 필요하겠지만 말이다.

마케팅 방향 잡기

—

위에서 언급했듯이 출판사는 '선택과 집중'을 한다. 때문에 저자도 홍보 전략을 미리 설계해 놓아야 한다. 당신의 책은 어떤 특성을 가지고 있는가? 어떤 방식으로 독자들에게 선보여야 할까?

가장 먼저 책의 예상 독자가 어느 정도의 연령대인지 파악해야 한다. 요새는 소셜미디어를 이용한 마케팅이 대세이다. 하지만 아무 플랫폼에나 무작정 책을 홍보해서는 안 된다. 소셜미디어의 종류는 다양하다. 20~30대를 예상 독자로 설정했다면 X(트위터), 인스타그램 등의 플랫폼이 적절하지만, 40~50대를 예상 독자로 설정했다면 블로그, 카페 등이 효율적일 수 있다. 예상 독자의 특성을 파악하고 자주 이용하는 매체는 어떤 것인지 분석한 뒤 홍보가 이루어져야 한다.

경쟁 도서의 동향도 주시해야 한다. 내 책과 비슷한 책 중 베스트셀러에 오른 책은 어떤 방식으로 독자들의 관심을 모았는지 자료를 수집하고, 내가 진행할 홍보 전략과 비교해 본다. 트렌드 분석도 중요하다. 최근에는 어떤 도서가 사람들의 이목을 끌었는지 찾아보는 것이 좋다. 마케팅 방향을 잘 잡아야 투자 대비 효율이 높다. 잘 짠 홍보 전략은 책으로 돈을 벌게 해 준다는 사실을 잊지 마라.

출판사는 다방면으로 마케팅한다

출간 직후부터 약 2주 동안의 기간이 가장 중요하다. 그 기간의 판매량은 앞으로의 판매까지 좌우할 만큼 큰 영향력이 있다. 때문에 출판사는 원고를 검토할 때부터 미리 마케팅 방안을 생각한다. 마케터는 원고가 종이책으로 탄생하는 과정에 따라 이 마케팅 방안을 구체화한다. 책의 콘텐츠와 강점, 약점 등을 세밀하게 파악하고 유사 도서의 마케팅 현황을 조사해 적합한 마케팅을 찾는 게 바로 마케터의 업무다.

베스트셀러를 꿈꾸지 않는 출판사는 없다. 책을 판매하여 이익을 취하는 곳이 바로 출판사니까 말이다. 그렇기에 온갖 수단을 동원해서 홍보에 열을 올린다. 광고 문구 하나도 허투루 쓰는 법이 없다. 독자에게 어필할 인상적인 문구를 뽑기 위해 전 직원이 머리를 맞대고 고민한다. 그래야 또 다른 책을 출간할 원동력을 얻을 수 있기 때문이다. 그렇다고 작가가 '출판사가 알아서 잘 팔아 주겠지'라는 안일한 생각으로 손을 놓고 있으면 안 된다. 출판사가 하는 마케팅 방식을 잘 알아 두어야 작가 개인 또한 스스로 마케팅을 할 수 있다. 그럼 이제부터 출판사 마케팅에 대해 살펴보자.

오프라인 마케팅

서점 매대 관리

신간이 유통되면 제일 먼저 대형 서점의 '신간 매대'에서 확인할 수 있다. 책 출간 후 마케터가 처음으로 하는 일은 서점과 신간 미팅을 잡는 것이다. 이때 초도물량을 협의하고 출고되는 책이 신간 매대에 올라간다. 여기까지는 무료로 진행되며, 추가적으로 매대를 구입하여 홍보하는 방식도 있다. 사람들의 동선에 따라, 눈에 띄는 공간과 그렇지 않은 공간에 따라, 책을 몇 권이나 올릴 수 있는지에 따라 비용이 달라진다.

▎언론 활용

신문이나 잡지에 도서 광고를 싣기도 한다. 언론에 노출하는 것은 여전히 긍정적인 결과를 도출해 낸다. 구독하는 독자에 따라 성향이 확고하게 나뉘기 때문에 책의 분위기에 적합한 매체를 찾는 게 중요하다.

온라인 마케팅

▎SNS 관리

대부분의 출판사는 SNS를 운영하고 있다. 출판사는 신간이 출간되면 SNS에 신간 소식을 업로드하여 홍보한다. SNS는 비용을 들이지 않으면서 애독자들에게 책이 출간되었다는 것을 알리는 최적의 소통 창구다. 출판사가 마케팅을 위해 SNS를 얼마나 잘 관리했는지에 따라 효과는 천차만별이니 출판사를 선택할 때 참고해 볼 만하다. 여기서 더 나아가 서평 이벤트를 열기도 한다. 당첨자들이 책을 읽은 뒤 온라인 서점이나 개인 SNS에 사진과 글을 올리므로 아주 간단하면서 확실한 홍보 방법이다.

❙ 온라인 서점 광고

대형서점 사이트에 한 번이라도 접속해 보았다면 메인 화면에 온갖 광고가 노출된다는 사실을 모를 리 없을 것이다. '오늘의 책'이나 '화제의 책' 코너는 기본이고, 배너, 팝업, 검색창 등 광고를 띄울 수 있는 공간은 다양하다. 유료 광고가 아니어도 온라인 서점을 이용해서 얼마든지 광고 효과를 누릴 수 있다. 서점에 책을 등록할 때 '상세페이지'와 '북카드'를 함께 제작하면 보다 인상적인 광고를 만들 수 있다. 이미지는 짧은 글에 익숙해진 사람들의 시선을 더 오래 잡아 끄는 데 유용한 역할을 한다.

❙ 라디오 및 TV 방송 활용

앞서 언론을 활용하라고 언급했는데 이는 온라인에서도 마찬가지다. 라디오에서 진행자가 직접 책 내용을 소개해 주거나 영화, 드라마, 예능 등에 PPL(product placement)로 등장하면 홍보 효과가 크다. 다만 유료 마케팅 중에 가장 비용이 크고, 때로는 예상했던 만큼의 결과를 거둘 수 없다는 점도 염두에 두어야 한다.

❙ 텀블벅 펀딩 활용

텀블벅으로 상품을 구성하여 책 펀딩을 해 보자. 목표가 달성되면 초과하는 금액에 대하여도 보상이 이루어진다. 물론 보상보다도 많은 사람들이 책을 읽게 되면 출간 전 화제가 될 수 있다는 점이 중요하다. 초기 독자를 모아 1차 구매력을 높일 수 있는 절호의 기회이니 꼭 고려해 보는 것을 추천한다.

작가도 책을 홍보해야 한다

'작가는 책을 쓰고, 출판사는 책을 판다'는 공식은 옛말이 되었다. '글만 쓰면 됐지, 책까지 팔아야 해?'라고 생각하면 안 된다. 책을 낸 목적이 무엇인지 다시 한번 떠올려 보자. 정말 단순히 '내 책을 쓰고 싶어서'인가? 그렇다면 일기장에 쓰고 혼자 간직한다고 해도 상관없을 것이다. 성심성의껏 쓴 책을 보다 많은 독자가 접하기를 바라는 게 작가의 마음이다. 시간과 노력을 쏟아부어 완성한 책이 창고 구석에 쌓여 누구도 거들떠보지 않는 골칫거리 재고가 되기를 원하는 작가는 없다.

작가도 적극적으로 책을 팔아야 할 의무가 있다. 모든 걸 출판사에 위임해 놓고 왜 판매가 부진하냐고 불평하고 있어 봤자 달라지는 건 없다. 특히 대형출판사일수록 매년 쏟아 내는 책만 수백 권에 달한다. 당신에게는 소중한 한 권이 그들에게는 수많은 책 중 하나일 뿐이다. 신간이 나올 때마다 일일이 신경 쓸 여유가 없다는 뜻이다.

〈출판사는 다방면으로 마케팅한다〉에서 말했듯이 초기 2주의 판매 실적이 앞으로의 마케팅 방향을 결정한다. 판매가 부진한 신간은 뒤로 밀려나게 된다. 독자가 반응해 주지 않는 책에 홍보비를 써 가며 계속 밀어줄 수는 없기 때문이다. 당신이 쓴 책이 끝까지 매대를 차지하고 있기를 바란다면 '판매 가능성'을 보여야 한다. 이 '판매 가능성'을 위해서는 작가의 마케팅 능력이 무엇보다 중요하다.

입소문을 주목하라

출간 이후 저자가 가장 먼저 해야 할 일은 '인맥을 총동원하는 것'이다. 당장 전화번호부에 저장된 이들에게 책을 출간했음을 알려라. 그동안 연락한 적 없어서 데면데면한 사이여도 망설이지 말고 책에 관심 가져 달라고 부탁하자. 그 정도 뻔뻔함은 갖춰야 책을 판매하고 베스트셀러의 주인공이 될 수 있다. 지인을 활용해 입소문을 퍼트리는 것만으로 부족하다고 느낀다면

SNS를 이용하라. 출판사의 SNS 홍보도 중요하지만, 저자 개인의 SNS 홍보도 중요하다. 기존에 이미 SNS를 하고 있었다면 더할 나위 없이 좋다. 신간 소식을 알리고 책의 표지나 내용 소개 등 관련 내용을 정기적으로 올려서 널리 퍼뜨리자. 자신의 계정을 정기적으로 찾아오는 사람의 수가 어느 정도 확보된 다음에는 작가가 직접 소소한 서평 이벤트를 진행하는 방법도 있다.

입소문이 베스트셀러를 만든다는 말을 무시해선 안 된다. 《언어의 온도》[20]의 경우 처음에는 아무런 주목도 받지 못하다가 SNS에 감성도서로 인기몰이를 하면서 서서히 순위가 상승했다. 이후 온라인 서점에서 장기간 종합 베스트셀러 1위를 차지하고 현재 150만 부 판매를 돌파했다. 그 덕분에 이기주 작가의 차기작 《말의 품격》[21] 등도 덩달아 우수한 판매 성적을 보였다. 독립출판으로 세상에 나온 《달의 조각》[22] 역시 SNS에서 입소문을 타기 시작해 기획출판사와 정식으로 계약하여 재탄생한 책이다.

외부 활동을 두려워하지 말라

이제 발로 뛸 차례다. 각종 독서 모임에 참여하여 내 도서를 홍보해 보자. 각 지역에는 크고 작은 독서 모임이 있다. 이러한 모임들은 연령과 성별에 구애받지 않고 다방면에 종사하는 계층이 모여 책을 읽고 토론한다. 기본적으로 독서를 즐기는 사람들이 모여 있기 때문에 파급력이 상당하다. 이왕이면 인적 네트워크가 촘촘한, 규모가 크고 오랜 시간 운영되어 온 모임에 참여하는 것을 추천한다.

할 수 있다면 강의를 나가는 것도 시도해 볼 만하다. 자신이 쓴 책의 주제로 공공기관, 회사, 학교 등에서 강의한다면 부수입도 얻으면서 책도 홍보할 수 있는 일거양득의 효과를 거둘 수 있다. 평생직장의 개념이 사라지는 요즘, 미래를 대비해 '강사'를 제2의 직업으로 삼을 수도 있다. 경험도 없는데 당장 강의를 하는 게 두렵고 어떻게 시작해야 할지 막막하다면 온라인에서 활동하며 능력을 쌓아도 된다. 우리에게는 '유튜브'라는 아주 적절한 매체가 있다. 창의적인 콘텐츠만 있다면 누구든 크리에이터가 될 수 있는 시대다. 당신이 올린 영상을 본 어느 기관 담당자가 오프라인 강의를 요청하는 연락을 해 올 수도 있다.

증정하지 말고 구매하게 하라

혹시 책이 출간되면 아는 지인들에게 감사의 의미로 선물할 생각인가? 지인들에게 책을 구매해 달라고 부탁하기 어려워 무료로 증정하는 작가들이 있다. 하지만 책을 그냥 증정하는 것은 큰 마케팅 기회를 놓치는 일이다. 책이 출간되면 무엇보다 '1차 구매력'이 가장 중요하다. 대개 '1차 구매력'은 예상 독자로 정해 놓았던 타깃 독자, 책 홍보 목적으로 진행했던 서평단 그리고 저자의 지인들이다. 그러나 타깃 독자는 사실상 구매가 불확실하고 서평단은 인원이 한정적이다. 그러니 1차 구매력 중에서도 구매가 확실한 지인의 역할이 가장 클 수밖에 없다.

책을 구매해 줄 지인들이 많으면 많을수록 좋으며, 그중 인플루언서나 SNS를 활발히 하는 지인이 있다면 금상첨화다. 이 1차 구매력은 그 뒤로 이어지는 2차 구매력 확산의 원동력이 된다. 2차 구매력은 저자의 지인이 아닌 저자를 모르는 타인의 구매를 의미한다. 드디어 '저자'가 아닌 '책'을 보고 구매를 결정하는 독자층이 생기는 것이다. 그리고 이 2차 구매력의 확산이 바로 베스트셀러로 가기 위한 초입이다.

다시 한번 요약하자면, 1차 구매력(저자의 지인)은 2차 구매력(저자를 모르는 타인) 확산의 원동력이다. 그렇기에 지인들에게 책을 증정하기보다 '구매'를 부탁해 보자.

소셜미디어를 적극적으로 활용해라

지금까지 이 글을 제대로 읽었다면, 마케팅에서 가장 중요한 수단이 무엇인지 바로 말할 수 있을 것이다. 단연 SNS, 소셜미디어다. 출판사에서도 다른 유료 광고보다 SNS 마케팅에 주력하는 모습을 보인다. 시대의 변화에 따라 광고의 수단도 변화했고, SNS가 시간과 노력 대비 파급력이 강하다는 사실을 알기 때문이다. 블로그, 카페, 페이스북, X(트위터), 인스타그램 등 종류도 많고 다양한 연령대가 이용하기 때문에 비용을 들이지 않으면서도 확실한 효과를 얻을 수 있다. 글, 이미지, 영상과 같이 어떤 방식이든 상관없다. 본인이 잘할 수 있는 방식을 택하면 된다.

짧은 글과 이미지로 승부하는 페이스북, X(트위터), 인스타그램

2010년쯤부터 페이스북과 X(트위터)가 유행처럼 번지기 시작했다. 그다음으로 인스타그램이 인기를 얻었다. 이들의 공통점은 주로 짧은 글과 이미지로 소통하기 때문에 이동하면서, 식사하면서, 잠깐 쉬면서 틈틈이 볼 수 있다는 것이다. 게다가 친구와도, 친구의 친구와도 연결될 수 있을 뿐만 아니라 내가 흥미를 느낄 만한 전혀 모르는 사람까지 친구로 추천해 주는 기능이 있다. 마음만 먹으면 수십 수백 명과 '온라인 친구'를 맺는 것도 가능하다.

SNS는 거대한 네트워크다. 사람들이 거미줄처럼 얼기설기 연결되어 있으며 확산 속도도 무척 빠르다. 한 예로, 2009년에 미 국방성 고등연구계획국(DARPA)이 인터넷 탄생 40주년을 기념하여 '빨간 풍선 찾기'라는 재미있는 행사를 진행했다. 미국 전역에 빨간 풍선을 띄워 보낸 뒤 풍선의 위치를 찾아내는 사람에게 상금을 준다는 조건이었다. 총 4,000여 팀이 응모했는데 그중 MIT 대학생 팀이 9시간 만에 모든 풍선의 위치를 발견해서 화제가 되었다. 그들은 SNS의 힘을 이용했다. X(트위터)와 페이스북에 행사 소식을 알리고 도와주는 사람과 상금을 나누겠다고 제안한 것이다. SNS의 효과를 단적으로 확인할 수 있는 사건이었다.

요즘은 영상이 대세니까 유튜브

'유튜버', 다른 말로 '크리에이터'라는 직업이 탄생했다. 자기만의 개성 있는 콘텐츠를 영상으로 찍어 올리고 광고로 수익을 내는 형태로, 능력에 따라 월 억 단위의 매출을 올리기도 한다. 브이로그(VLOG, 비디오(video)와 블로그(blog)의 합성어로, 일상을 동영상으로 찍어 올리는 것)부터 먹방(음식을 먹는 방송), 톡방(대화하는 방송), 겜방(게임하는 방송) 등 종류도 다양하다. 특별하지 않은 소재를 특별하게 만드는 개인의 역량이 크게 작용한다. 물론 책과 관련된 채널도 있다. 바쁘지만 지적 욕구는 충만한 현대인을 위해 책을 간략하게 소개해 주거나 오디오북처럼 낭독해 주기도 한다.

앞서 소개한 페이스북, X(트위터), 인스타그램이 20~30대를 집중적으로 공략하는 수단이라면, 유튜브는 10대와 40~50대까지도 포괄할 수 있다. 그만큼 전 연령대가 사용하는 SNS로 꼽힌다. 출간한 책의 전문성을 활용해 영상을 만들어 보는 것도 아주 훌륭한 방법이다. 대부분의 마케팅은 돈을 내야 하지만 유튜브는 돈을 받으며 신간 홍보까지 할 수 있다. 조급한 마음은 버리고, 차별화된 콘텐츠로 꾸준히 영상을 올리는 게 중요하다.

전문적으로 파고들 수 있는 블로그, 카페

가장 기본적인 SNS 마케팅 수단을 고르라면 자신 있게 '블로그'라고 대답할 것이다. 다른 SNS에 밀리기는 했어도 여전히 블로그는 영향력 있는 수단이다. 책쓰기를 준비하고 있다면 동시에 블로그나 카페를 개설해야 한다. 출간하고 나서 준비하면 늦는다. 책이 나왔을 때 곧바로 홍보할 수 있을 만큼 지금부터 미리 기반을 다져 놓아야 한다. 블로그라면 이웃을, 카페라면 회원 수를 확보하길 바란다.

일단 어떤 주제로 운영할 것인지 생각해 보자. 대중이 관심을 가질 만한 주제를 다루어야 한다. 사람이 많이 모이면 모일수록 좋다. 자신이 기획하는 것과 유사한 콘셉트로 운영하는 곳도 분석해 봐야 한다. 특히 블로그는 네이버 메인에 노출되기도 하니 더더욱 심혈을 기울일 필요가 있다.

네이버 메인에 소개되는 경우는 여러 가지가 있지만 직접 신청하는 쪽이 가장 빠르다. 책문화 블로그(https://blog.naver.com/nv_bc)에 들어가면 노출 신청을 할 수 있는 카테고리를 볼 수 있을 텐데, 개인 SNS에 책을 소개하는 게시글을 먼저 올린 다음에 신청하면 된다. 흥미를 유발하는 제목이나 유익한 내용이면 더더욱 노출될 확률이 높아진다.

독자를 사로잡은 도서 마케팅 사례

책이 나왔다고 해서 가만히 기다리기만 한다면 독자들은 책을 스쳐 가기만 할 것이다. 독자들에게 다가가기 위해서는 행동하는 수밖에 없다. 하지만 어떻게 해야만 독자들을 사로잡을 수 있을까? 갈피를 잡지 못하는 작가들을 위해 출판사는 여러 가지 마케팅 방안을 제시하고 있다. 그중 몇 가지를 살펴보도록 하자.

SNS 홍보

마케팅의 기본은 언제나 '사람들에게 얼마나 노출되는가'이다. 이러한 점에서 어떤 홍보 수단을 논하든 SNS를 빼기에는 섭

섭하다. 블로그, 인스타그램, 페이스북 등 여러 SNS는 남녀노소를 가리지 않고 접근하기에 쉬우며, 스마트폰에 최적화된 콘텐츠도 많기 때문에 짧은 시간 안에 독자들에게 각인되기 쉬운 특징을 가지고 있다.

책이 출간되면 출판사는 카드뉴스를 만들거나 책 미리보기 같은 것들을 연재하면서 독자들에게 소개하는 시간을 가진다. 카드뉴스는 스마트폰으로 읽기 쉽게 만든 이미지형 홍보 문구라고 할 수 있다. 글의 줄거리나 책과 관련된 흥미로운 이야기를 짧은 글로 진행하면서 그와 관련된 일러스트를 삽입하여, 읽는 이에게 시각적으로 다가가는 홍보 수단이다. 책 미리보기는 카드뉴스와 비슷하면서도 조금 다른데, 카드뉴스보다는 긴 글로 이루어져 있으며 본문을 발췌하는 경우도 있어 독자들이 직접적으로 책의 내용을 파악하기에 쉽다.

카드뉴스와 책 미리보기 같은 콘텐츠는 다른 SNS에 올리기에도 좋지만, 블로그를 이용하여 독자들에게 다가가는 경우도 많이 있다. 이전에 언급했다시피, 블로그를 이용할 경우, 네이버 책문화를 통해 메인에 글을 노출시킬 수 있다. 네이버는 한국 대형포털인 만큼 메인에 노출되면 긍정적인 홍보 효과를 기대할 수 있을 것이다.

언론 매체 홍보

신간이 출간되면 출판사는 여러 신문사와 잡지사에 보도자료를 배포하기도 하고 책을 직접 보내기도 한다. 스마트폰이 보급되면서 예전에 비해 신문을 읽는 일이 그리 활발하지 않은 것은 사실이다. 게다가 출판사에서 보낸 자료가 모두 사용된다고 확신할 수도 없다. 하지만 그렇다고 해서 손 놓고 있기엔 그 홍보 효과를 무시할 수 없다.

신문이나 잡지를 보면 신간을 소개하는 코너가 따로 준비되어 있는 것이 보편적이다. 매주 그달 출간된 신간들을 모아 짧게 소개하기도 하고, 한 개의 책을 집중적으로 파고들어 서평을 써내는 경우도 많다. 이처럼 신간이 한 코너에 모여 있기 때문에 SNS와 비교하면 노출도는 낮을지 몰라도 신간 도서를 파악하고자 하는 독자들은 꾸준하게 신문을 이용한다. 또한 언론사의 경우 오프라인 매체와 같이 온라인 사이트에도 글이 올라가기 때문에 과거보다는 접근성이 좋아졌다. 이러한 이유로 홍보 효과가 없을 거라는 걱정은 잠시 접어도 좋을 것 같다.

독자 참여형 홍보

앞서 말한 것들은 출판사가 주도적으로 진행하는 홍보 방식이며, 독자들은 그 정보를 일방향으로 수용해 왔다. 하지만, 지금부터 소개할 마케팅 방식은 다른 방법들보다 독자들의 참여가 중요하게 여겨진다. 그렇다고 해서 출판사나 작가가 하는 일이 간단하진 않다.

먼저 말할 것은 크라우드 펀딩(crowd funding)이다. 크라우드 펀딩은 자금이 부족한 이들이 대중으로부터 후원을 받아 자금을 모으기 위한 방식이었지만, 지금은 홍보 수단의 하나로도 사용되고 있다. 펀딩은 텀블벅과 와디즈를 통해 이루어지는 것이 보편적이며, 가격대에 따른 사은품(리워드)을 증정하는 방법을 사용하고 있다. 이때 주의해야 할 점은 후원 보상도 도서정가제를 따라야 하며, 사은품의 가격대도 적절히 조절하여 지출금이 후원금을 넘지 않도록 해야 한다는 것이다. 크라우드 펀딩으로 시작해 베스트셀러 반열에 오르는 경우도 있다. 올해 크게 화제가 된 책 《달러구트 꿈 백화점》[23]도 처음에는 텀블벅으로 시작했다. 그만큼 크라우드 펀딩은 좋은 홍보 수단으로 부각되고 있는 중이다.

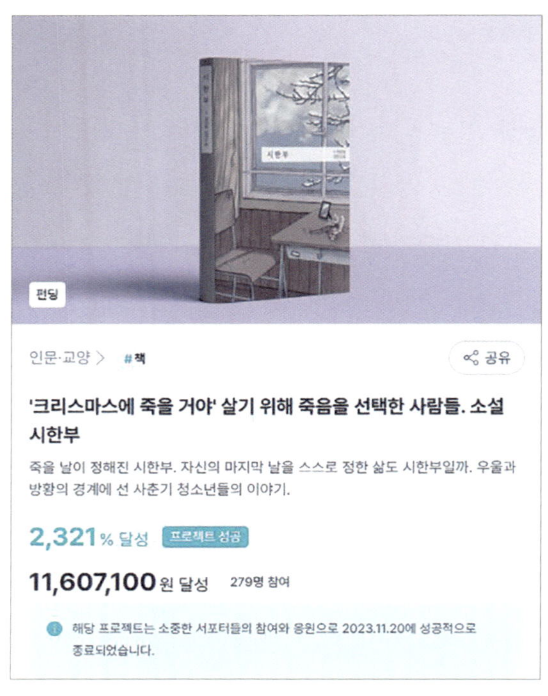
시한부
펀딩
인문·교양 >
#책
공유
'크리스마스에 죽을 거야' 살기 위해 죽음을 선택한 사람들. 소설 시한부
죽을 날이 정해진 시한부. 자신의 마지막 날을 스스로 정한 삶도 시한부일까. 우울과 방황의 경계에 선 사춘기 청소년들의 이야기.
2,321% 달성
프로젝트 성공
11,607,100원 달성
279명 참여
해당 프로젝드는 소중한 서포터들의 참여와 응원으로 2023.11.20에 성공적으로 종료되었습니다.

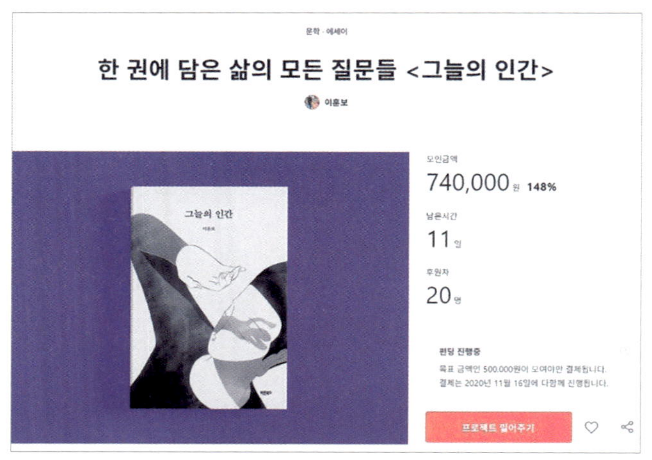
문학 · 에세이
한 권에 담은 삶의 모든 질문들 <그늘의 인간>
이홍보
그늘의 인간
모인금액
740,000원 148%
남은시간
11일
후원자
20명
펀딩 진행중
목표 금액인 500,000원이 모여야만 결제됩니다.
결제는 2020년 11월 16일에 다함께 진행됩니다.
프로젝트 밀어주기

다음으로 말할 것은 서평단 모집이다. 서평단의 큰 장점은 책을 읽은 사람들의 솔직한 리뷰를 들을 수 있다는 점이다. 어떤 물건이든 앞서 구매한 사람들의 후기를 참고하면서 사는 경우가 많다. 책도 이와 마찬가지로 서평단의 리뷰를 통해 예비 독자들이 구매 여부를 결정할 수 있으며, 동시에 SNS 리뷰가 많아지면서 검색 노출량도 늘릴 수 있다.

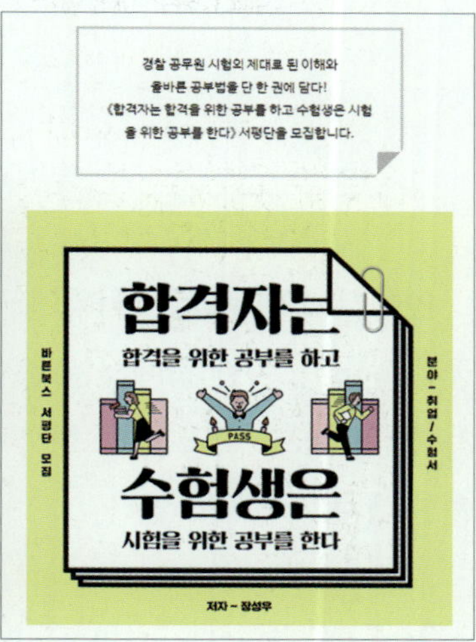

이처럼 도서 출간 후에는 위와 같은 마케팅을 계속 진행해야 한다. 출간되는 신간 도서들이 많은 만큼 그 속에서 쉽게 주목받기란 쉽지 않을 것이다. 하지만 이러한 과정들로 베스트셀러로 가는 길이 좀 더 가까워지기를 바란다.

국내 출판 행사로도 내 책을 홍보할 수 있다

앞에서 소개한 방법 이외에도 책을 홍보할 수 있는 방법은 무궁무진하다. 이번 장에서는 좀 색다른 마케팅 방법을 소개하고자 한다. 바로 '국내 출판 행사'다. 우리나라에서도 매년 다양한 출판 행사가 열리고 있다.

출판 행사를 찾는 사람은 생각보다 많다. 책 말고도 출판 행사에서만 만나 볼 수 있는 다양한 굿즈, 이벤트 등이 진행되기 때문이다. 예비 독자들을 직접 만나며 책을 소개할 좋은 기회이니 꼭 참여해 보자.

1. 서울국제도서전

서울국제도서전은 1954년 전국도서전시회로 시작하여 20년 넘게 진행해 온 출판 행사다. 출판 산업의 발전과 독서 문화 확산이라는 목표 아래 세계 주요 도서전 중의 하나로 도약하였다.

- ✓ 주최 : 대한출판문화협회
- ✓ 주최 시기 : 매년 봄
- ✓ 시작년도 : 1954년
- ✓ 신청 방법 : 서울국제도서전 홈페이지에서 온라인 신청 (http://sibf.or.kr)

2. 언리미티드 에디션 : 서울아트북페어

독립출판물, 아트북, 인쇄물을 홍보하고 판매한다. 작가, 제작자가 판매 부스를 통해 만나고, 이외에도 다양한 프로그램으로 흥미를 더한다.

- ✓ 주최 : 유어마인드, 서울시립미술관
- ✓ 주최 시기 : 매년 겨울
- ✓ 시작년도 : 2009년
- ✓ 신청 방법 : 언리미티드 에디션 홈페이지에서 온라인 신청 (http://unlimited-edition.org)

3. 서울와우북페스티벌

거리도서전, 강연, 전시, 공연 등 다양한 프로그램으로 구성되어 있다. 1인 출판사 작가들을 위한 공간이 마련되니 1인 출판으로 책을 낼 작가라면 참가를 추천한다.

- ✓ 주최 : 사단법인 와우책문화예술센터
- ✓ 주최 시기 : 매년 9~10월
- ✓ 시작년도 : 2005년
- ✓ 신청 방법 : 서울와우북페스티벌 홈페이지에서 온라인 신청 (http://wowbookfest .com)

4. 파주북소리

출판 도시 파주에서 '책과 예술'을 주제로 진행하는 출판 행사다. 독자와 작가, 출판인과 작가, 지역주민이 참여한다.

- ✓ 주최 : 파주시, 파주북소리조직위원회
- ✓ 주최 시기 : 매년 9~10월
- ✓ 시작년도 : 2011년
- ✓ 신청 방법 : 파주북소리 홈페이지에서 온라인 신청 (http://pajubooksori.kr)

5. 서울지식이음축제

매년 주제에 맞는 축제 도서관을 조성하고, 출판사, 서점, 독서동아리 등 다양한 단체가 참여한다. 북 콘서트, 작가와의 만남, 책 읽는 프로그램 등을 운영한다.

- 주최 : 서울도서관
- 주최 시기 : 매년 10월
- 시작년도 : 2008년
- 신청 방법 : 서울지식이음축제 홈페이지에서 온라인 신청
  (http://www.seoul-ieum.kr)

바른북스 발자취 톺아보기

다년간의 국가사업 선정, 국제도서전 참가 외에도 바른북스가 축적해 온 성과는 다양하다. 이 장에서는 그간의 발자취를 톺아보며, 작가의 오른팔이자 원동력이 되어 줄 수 있는 자비출판사의 면모를 성과 중심으로 보여주고자 한다.

문학나눔 & 세종도서

문학나눔 도서보급사업과 세종도서 지원 사업은 국가에서 주관하는 도서 사업 중 가장 유명하고 공신력 있는 사업이다. 2024년부터 문학나눔과 세종도서는 문화체육관광부가 주최, 한국출판문화산업진흥원이 주관하고 있다. 두 가지 사업 모두 우수한 국내 도서를 선정해 출판시장을 활성화하고 독서 문화를 향상하는 데 목적이 있다.

▶ 문학나눔

문학 출판시장의 진흥, 창작 여건 활성화와 국민의 문학 향유 기회를 확대하고자 실시하는 사업. 다양한 의견을 적극적으로 반영하여 더 나은 환경을 만들고자 노력하고, 선정도서를 활용해 문학출판시장 활성화에 기여할 수 있도록 프로그램도 연계하여 운영함.

우수 문학도서를 선정한 뒤, 공공도서관, 지역문화관 등에 보급하며, 까다로운 심사를 거쳐 6개의 선정 분야(시, 소설, 수필, 아동 · 청소년문학(동시, 그림책, 동화, 청소년문학), 평론, 희곡)에서 500종 내외로 선정함.

▶ 세종도서

양서출판 의욕 진작 및 국민의 독서 문화 향상 도모를 위해 매년 선정하는 도서 사업. '기초학문 발전'과 '지식기반사회 여건 조성'을 위한 학술부문과 '우수 출판콘텐츠 제작 활성화'와 '책 읽는 문화 확산 기여'를 위한 교양부문으로 나뉨. 학술부문은 최대 390종, 교양부문은 최대 440종 선정. 합하여 약 830종 내외의 도서를 선정함.

바른북스는 2019년부터 국가가 주관하는 문학나눔과 세종도서 사업에 선정되었다. 2019년 7월 최도운 작가의《낯설지만 떠나는 여행》이 1분기 문학나눔 도서보급사업에 선정된 걸 시작으로, 2019년 12월에는 정영모 작가의《건설 클레임의 실무적 이해》가 세종도서 사업 학술부문 도서로 선정되었다.

위 두 사업 이외에도 과학기술정보통신부와 한국과학창의재단에서 주최한 2019년 우수과학도서로《황 박사의 우리나라 산불이야기》,《성체줄기세포, 재생 기제의 열쇠》가 선정되었다. 또, 2025년에 대한민국 국군 부대 도서관에 납품하는 진중문고에《전장리더십》 도서가 보급되었다. 추가로 한국출판문화진흥재단과 대한출판문화협회가 공동으로 주관하는 2025 상반기 올해의 청소년 교양도서로《상어가 상어에게》가 중·고등 문학·예술 분야 우수도서로 선정되는 쾌거를 이루었다.

이처럼 바른북스 출판사는 국가가 인정하는 양질의 도서를 보유한 출판사가 되었다. 이후 꾸준히 도서 사업에 선정되며 전문성 있는 출판사임을 입증했고, 2025년 현재까지 총 26권의 도서가 선정·보급되었다.

| 바른북스 도서사업 선정작 |

문학나눔 & 세종도서 & 우수과학도서 & 진중문고 & 청소년 교양도서

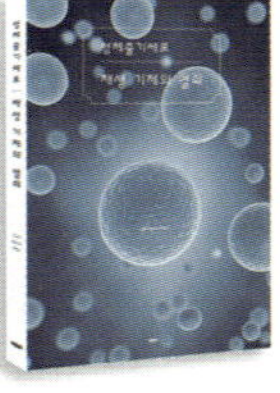

- 낯설지만 떠나는 여행(최도운, 2019년)
- 군화 신고 지구 한 바퀴(박성하, 2019년)
- 잃어버린 고양이에 대한 예의(홍시율, 2019년)
- 동그란 삼각(김성수, 2020년)
- 마녀의 요리사(박수미, 2020년)
- 청년 그리고 미래 농업(이동훈, 2020년)
- 담장 안의 풍경(김천수, 2021년)
- 그런 엄마가 있었다(조유리, 2023년)
- 황 박사의 우리나라 산불이야기(황정석, 2018년)
- 성체줄기세포, 재생 기재의 열쇠(Lee Keun Pyo, 2019년)
- 건설 클레임의 실무적 이해(정영모, 2019년)
- IT 시대를 통해 AI 시대를 읽는 리더(김영근, 2021년)
- 교육다운 교육(조용환, 2021년)

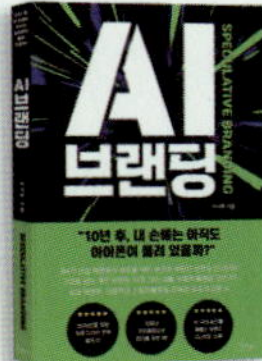

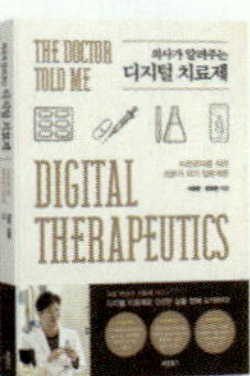

- 식물에게 배우다(최미애, 2021년)
- 테크네 상상력(김진택, 2021년)
- 포스트 코로나 한류, 중국보다 화끈한 브라질로 가자(권영상, 2021년)
- 디스플레이 산업의 오해와 진실(문국철, 황인선, 임화림, 2022년)
- 완벽한 친절함으로부터의 고립(엄태완, 2022년)
- AI 브랜딩(이서후, 2023년)
- RE100 Directivity(김홍진, 2023년)
- 의사가 알려주는 디지털 치료제(서영준, 오창헌, 2023년)
- 아하! 이럴 땐 이런 속담(대구강림초등학교 5학년 3반 친구들, 2024년)
- 수소산업과 소재(김영식, 김기혁, 문현배, 박창수, 이종호, 전채홍, 최병학, 최우혁, 황병철, 2024년)
- 2030년, 알파(Alpha α')세대의 퀀텀(Quantum AI)과 우주(Space X)(김홍진, 2025년)
- 상어가 상어에게(손지안, 2024년)
- 전장리더십(윤여표, 2025년)

2024년 서울국제도서전

서울국제도서전(SIBF)은 대한출판문화협회가 주관하는 행사로, 흔히 출판인들의 잔치라고도 한다. 책을 만드는 사람과 읽는 사람, 즉 작가, 학자, 예술가, 편집자, 독자가 모두 모이는 행사이기 때문이다. 특히 2024년에는 역대 도서전 중 가장 많은 참가인원을 자랑하며 성황리에 막을 내렸다.

이러한 대규모 행사에 자비출판사가 참가하는 일은 흔치 않다. 쟁쟁한 국내 출판사의 틈에서 '자비'라는 이유로 도서의 퀄리티를 평가하는 경우가 있기 때문이다.

그러나 바른북스는 앞서 언급한 대로, 매년 선정되는 국내 사업과 해외 판권 수출, 꾸준히 상승하는 도서 판매량과 베스트셀러 달성 등 자비출판 능력을 성과로 입증했다. 특히 이번 도서전은 '자비출판 도서는 엉터리다'라는 편견을 깨기 위해 모든 임직원이 더욱 열심히 준비했다.

2024년 서울국제도서전

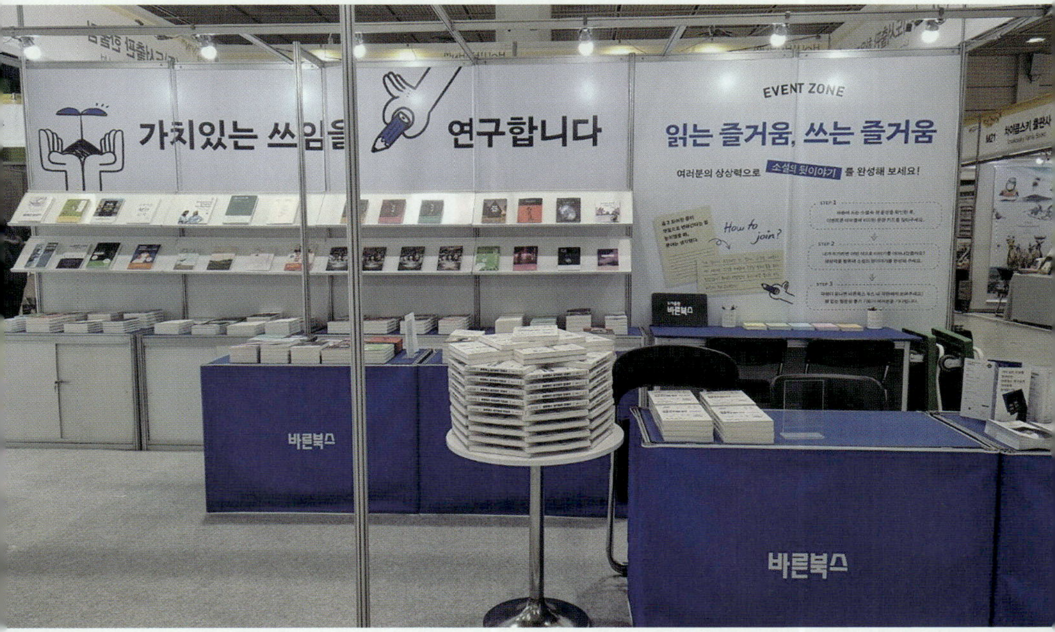

2024년 서울국제도서전 전경

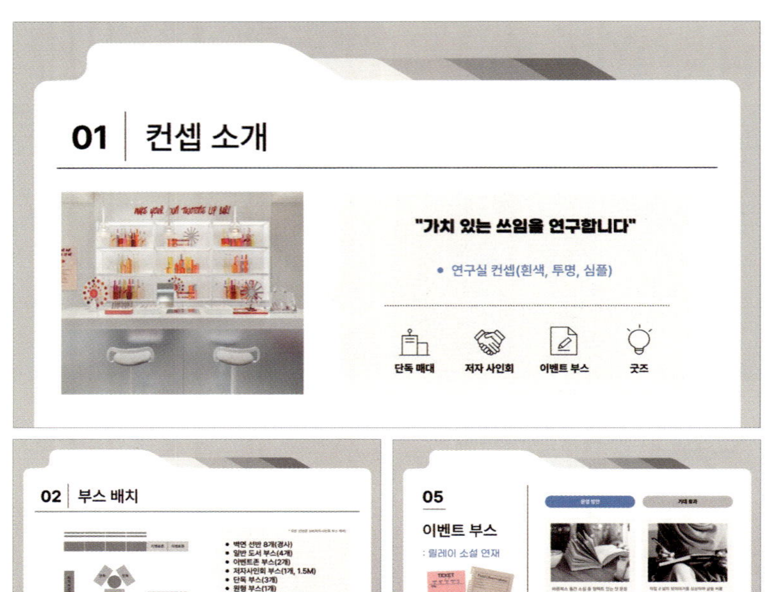

서울국제도서전 구성안

참가를 결정한 후, 출판사를 어필할 수 있는 콘셉트로 부스를 구성하고 모든 사람이 즐길 수 있는 프로그램을 구상하기 위해 많은 고민을 했다. 처음 참가하는 대형 행사이기에 무엇보다 '바른북스와 함께한 작

서울국제도서전 참가 사진

가님들의 책 소개'에 중점을 뒀다. 완성도 높은 도서를 소개함으로써 자비출판에 대한 편견을 깨고, 보다 많은 이들이 바른북스의 도서를 알았으면 했다.

한정된 시간이었지만 서울국제도서전 기간 동안 작가와 독자가 직접 만나고 소통할 수 있는 사인회를 최우선으로 기획했고, 많은 분들의 호응을 얻었다. 청소년 작가들의 도서를 소개하는 매대는 도서전을 방문한 미성년자뿐만 아니라 교직원, 학부모들의 눈길을 끌기도 했다. 이후 실제로도 전시 도서의 판매량 증가, 청소년 작가들의 출판 문의 및 계약이 많이 이루어졌다는 점에서 출판사의 도서 행사 참여가 중요함을 알 수 있었다.

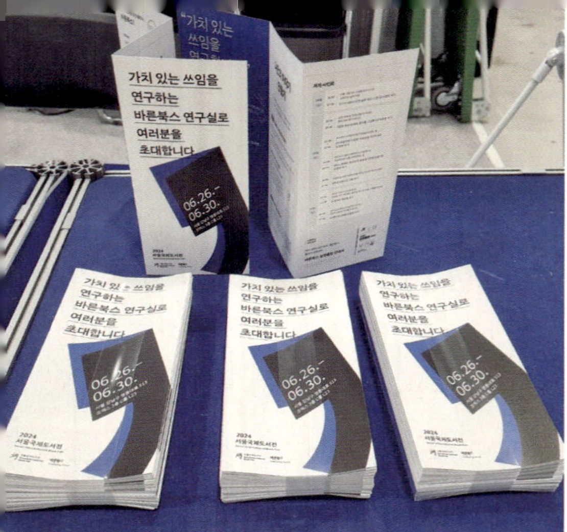
가치 있는 쓰임을
연구하는
바른북스 연구실로
여러분을
초대합니다
06.26.–
06.30.
2024
서울국제도서전

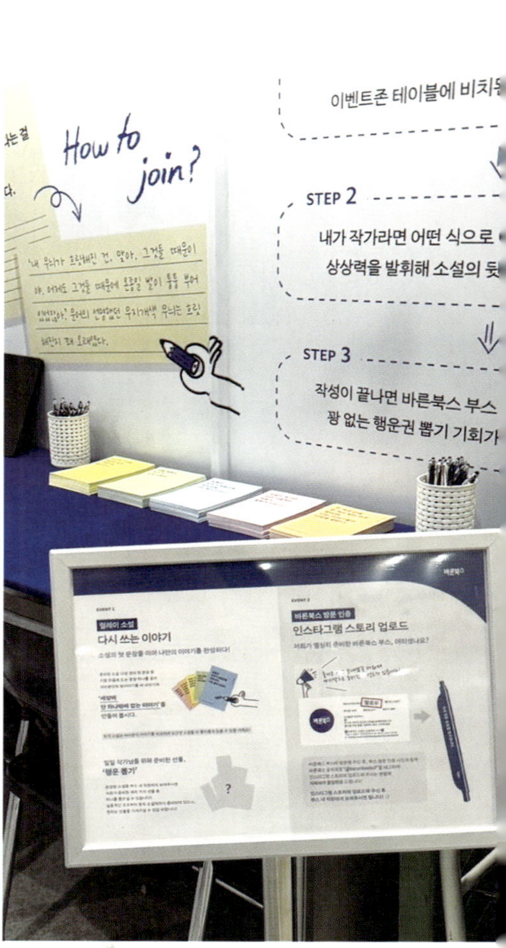
이벤트존 테이블에 비치되
How to join?
STEP 2
내가 작가라면 어떤 식으로
상상력을 발휘해 소설의 뒷
STEP 3
작성이 끝나면 바른북스 부스
꽝 없는 행운권 뽑기 기회가
릴레이 소설
다시 쓰는 이야기
'행운 뽑기'
바른북스 방문 인증
인스타그램 스토리 업로드

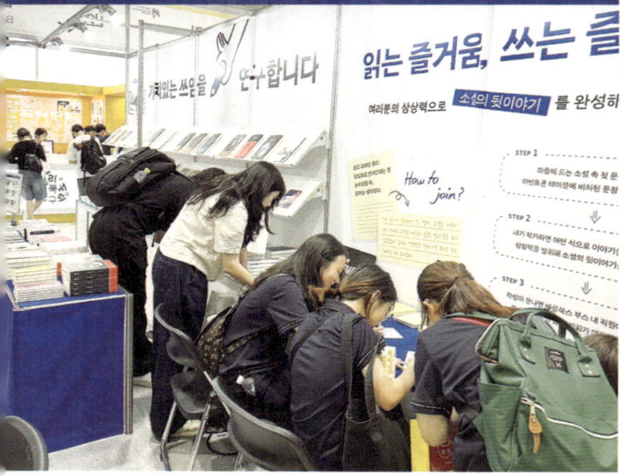
가치있는 쓰임을 연구합니다
읽는 즐거움, 쓰는 즐
여러분의 상상력으로
소설의 뒷이야기
를 완성하
How to join?
STEP 1
STEP 2
STEP 3

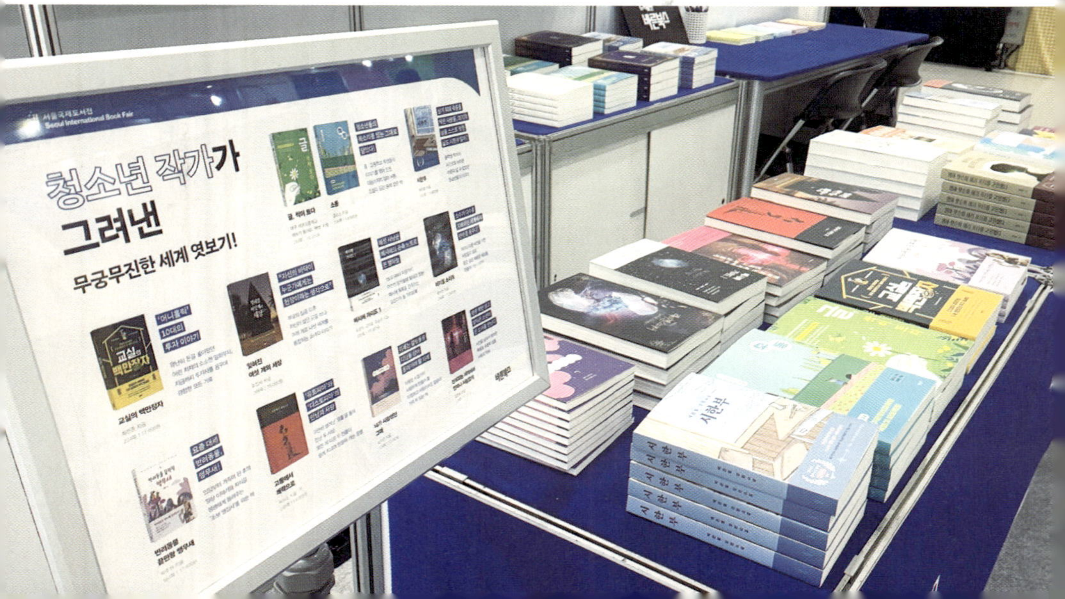
서울국제도서전
Seoul International Book Fair
청소년 작가가
그려낸
무궁무진한 세계 엿보기!
교실의 백만장자

판권 수출 & 도서 행사

해외 판권 수출 & 수입

출판계에서 '판권'이란 저작물의 출간, 배포, 판매 등 출판과 관련된 권리를 뜻한다. 판권의 수출과 수입은 국내 유통을 넘어, 전 세계적으로 도서를 알리고 교류할 수 있는 창구가 된다. 즉, 해외에서도 내가 쓴 글을 읽을 수 있고 내 책을 사랑하는 독자들이 생기는 것이다. 특히 요즘은 콘텐츠 플랫폼이 다양한 시대다. 판권 수출과 같은 국제적 교류를 통해 도서의 영화·애니메이션화 등 2차 가공 콘텐츠까지 기대해 볼 수 있다.

《시한부》 대만(오), 인도네시아(왼) 수출

바른북스는 최근 대만 출판사 Eur○○ Group과 《시한부》 판권 수출 계약을 진행 후 번체자 도서가 출간되었다. 인도네시아와 튀르키예 출판사와도 소설 《시한부》 번역 출판이 계약되어 출간 예정이다. Eur○○ Group은 대만 내 대형 출판사로, 이미예 작가의 《달러구트 꿈 백화점》, 김호연 작가의 《불편한 편의점》 등 국내 베스트셀러 문학 도서와 판권 계약을 체결해 외국 문학 부문 1위에 등극시킨 경험이 있는 출판사이다. 그 외에도 장르를 불문하고 한국 출판사와 판권 계약을 체결하며 한국 도서를 자국에 선보이고 있다.

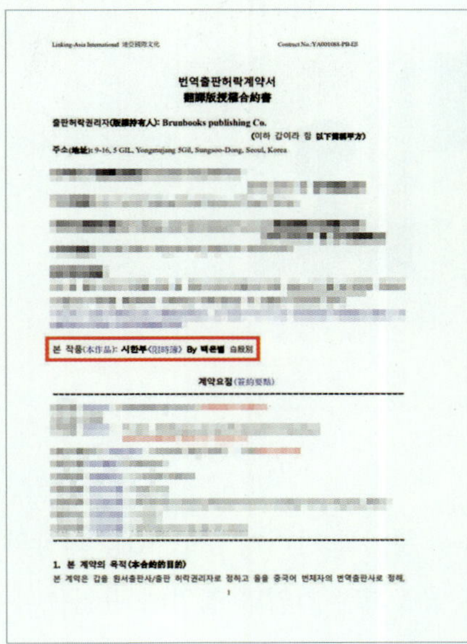
Linking-Asia International 連亞國際文化　Contract No.:YA001088-PB-EB

번역출판허락계약서
翻譯版授權合約書

출판허락권리자(版權持有人): Brunbooks publishing Co.
(이하 갑이라 칭 以下簡稱甲方)
주소(地址): 9-16, 5 GIL, Yongmujang 5Gil, Sungsoo-Dong, Seoul, Korea

본 작품(本作品): 시한부《限時簿》 By 백은별 白殷別

계약요점(簽約要點)

1. 본 계약의 목적(本合約的目的)
본 계약은 갑을 원서출판사/출판 허락권리자로 정하고 을을 중국어 번체자의 번역출판사로 정해,
1

이처럼 바른북스는 국외 유명 출판사와 판권 계약을 체결해 국내 우수 도서를 세계에 알리고 있으며, 해외 유망 도서를 국내 독자에게 소개하기 위해 판권 수입 또한 진행하고 있다.

▌ 시한부 판권 수출 계약서

대표적으로, 장 건강과 관련된 의학 내용을 수록한 이진원 작가의 《굿바이 과민대장증후군》(베트남), 노자의 도덕경을 한국인이 현대적으로 해석한 바이즈 작가의 《나를 잃어버려도 괜찮아》(중국), 엠마 왓슨 등 할리우드 유명인들이 가진 자존감의 비밀을 수록한 박찬준 작가의 《엠마 왓슨이 해리포터를 고민했다》(미국), 순수문학 소설 백은별 작가의 《시한부》(대만) 등이 있다.

– 굿바이 과민대장증후군(개정판)(이진원, 2021년)
– 나를 잃어버려도 괜찮아(바이즈, 2022년)
– 엠마 왓슨이 해리포터를 고민했다(박찬준, 2023년)
– 시한부(백은별, 2024년)

다양한 도서를 출간하는 만큼, 분야를 가리지 않고 10종 이상의 도서를 수출하였다. 그 밖에도 공공기관·기업과 협업해 판권을 수입하고 도서를 출간하며 우수한 해외 도서를 국내에 알리는 데 힘쓰고 있다. 앞으로도 바른북스의 도서가 전 세계에 소개될 수 있도록 다양한 언어와 문화권의 도서를 수출·수입하며 글로벌 출판 네트워크를 탄탄히 구축할 예정이다.

도서 행사 기획·참여

도서는 출판사와 작가와 독자가 함께 마케팅한다. 특히 '바이럴'이라고도 하는, 소위 SNS 입소문으로 도서의 흥행이 결정되는 시대에 작가의 '셀프 마케팅' 또한 중요해지고 있다.

이처럼 작가도 스스로 책을 어필해야 팔리는 시대에 출판사는 어떻게 출간한 도서를 소개할 수 있을까? 무엇보다 독자에게 도서를 어필하는 기회를 많이 만드는 게 중요하다.

바른북스는 이를 위해 다양한 도서 행사를 기획하고 참여했다. 독자와의 직접적인 만남을 통해 책에 대한 관심과 호기심을 유발하고, 자연스러운 홍보 효과를 기대할 수 있기 때문이다. 바른북스가 적극적으로 주관한 행사들을 함께 살펴보자.

출판기념회

출판기념회는 한 권의 책이 세상에 나온 것을 기념하는 자리로, 작가와 독자, 출판 관계자들이 함께 모여 출간을 축하하는 자리다.

작년 봄에는 한국소설가협회 2024 신예작가로 선정된 임미정 작가의 《퍼즐 맞추기》 출판기념회가 있었다. 《퍼즐 맞추기》는 이방인들의 삶에 주목하며 나와 타인의 연결성을 고찰하는 단편 소설집이다. 광화문 교보문고 배움홀에서 개최한 기념회는 도서 소개뿐만 아니라 평론가의 말, 독자와의 만남, 소설 낭독 등 다양한 프로그램이 진행되었다.

퍼즐맞추기 출판기념회 사진

작가와 독자가 만나는 대면 행사는 책과 사람을 잇는 특별한 자리이다. 바른북스는 자비출판사이지만, 책 한 권의 가치를 보다 많은 사람들에게 알릴 수 있도록 다양한 홍보 방안을 계속 고민해 왔다. 단순히 책을 출간하는 데 그치지 않고 작가의 책이 '어떻게 하면 사랑받을 수 있을지' 생각했다. 도서의 생명력을 유지·확장하는 대면 행사는 자사가 추구하는 '지속 가능한 출판'의 일환이다.

북콘서트

북콘서트는 출판기념회와 비슷한 형태지만 도서뿐만 아니라 음악, 낭독, 대담 등 여러 코너를 마련해 독자와의 소통을 극대화하는 자리다.

연말에는 베스트셀러 작가 백은별의 북콘서트가 열렸다. 백은별 작가는 어른들이 알기 어려운 청소년의 세계를 다정한 시선으로 담아내 많은 학생에게 사랑받고 있는 신예 작가다. 이번 《시한부》 북콘서트 행사는 북토크와 초대 가수의 공연, 레크리에이션 등으로 구성되었으며, 선착순으로 300여 명의 참가자를 모집해 진행하였다.

2시간가량 진행된 행사는 작가를 응원하는 독자와, 동종업계 종사자, 작가가 되고 싶은 자녀를 둔 학부모님들까지 다양한 연령층의 사람들이 함께했다.

우선 백은별 작가의 어린 시절 사진부터 지금의 모습까지 성장 과정을 담은 3분가량의 영상으로 콘서트를 시작했다. 이후 개최 전 구글폼을 통해 받았던 질문들에 대해 답변하는 Q&A 시간과 담당 편집자와의 대화 등 작가와 소통하며 알찬 시간을 보냈다. 중간중간 초대 가수의 공연으로 분위기를 띄우고 출판사가 준비한 경품 이벤트 등으로 관객들의 호응을 이끌어 냈다. 마지막 코너로는 작가와 독자가 일대일로 소통할 수 있도록 사인회를 구성, 진행하며 행사를 성황리에 마무리했다.

시한부 북콘서트 현장 사진

올여름에는 백은별 작가의 차기작, 《윤슬의 바다》가 출간되어 《시한부》 북콘서트보다 더 큰 규모의 행사를 준비했다. 작년보다 많은 인원과 함께하였으며, 판매 수익금 전액을 '자살유족 아동청소년 성장지원사업'을 위해 기부하는 뜻깊은 행사였다.

3시간가량 진행된 이번 행사는 총 500명의 인원이 수용 가능한 중극장에서 진행했다. 차기작에 관한 이야기뿐만 아니라 청소년 작가가 되는 법, 엄마와의 인터뷰, 레크리에이션, 애장품 추첨 등 다양한 코너를 통해 독자들과 소통했다.

윤슬의 바다 북콘서트 현장

바른북스는 이번 《윤슬의 바다》 북콘서트 행사에서도 기획, 모집, 진행까지 모든 과정을 맡아 준비했다. 앞서 소개한 다른 행사들과 마찬가지로 많은 사람들이 작가와 도서에 빠질 수 있도록 모든 직원들이 발로 뛰었다.

책과 사람을 연결할 수 있도록, 작가의 소중한 책이 더 넓은 독자층을 마주하고 날개를 달 수 있도록 앞으로도 책과 작가가 함께 하는 출판사가 될 수 있도록 꾸준히 노력할 것이다.

출판 프로세스 로드맵

책을 쓰기 전에 무엇을 준비해야 하는지, 원고는 어떻게 써야 하는지, 어떤 출판사와 계약해야 하는지 등 지금까지 수많은 출판 과정을 이 책과 함께해 나간 여러분께 박수를 보낸다. 〈출판 프로세스 로드맵〉에서는 지금까지 설명한 출판 과정을 알아보기 쉽도록 정리했다. 부디 지금까지의 내용을 정리하는 데 많은 도움이 되기를 기원한다.

ROT

SUBJ

소재 정하기

일상 / 경험 / 브레인스토밍

01

DIRECT

방향 정하기

내 책에 담을 메시지(주제)는?

02

ANAL

경쟁 도서 분석

08

CONTE

목차 만들기

07

트렌드 파악하기

TREND

03

자료 찾기

SEARCH

04

제목 정하기(부제, 카피)

TITLE

06

예상 독자 정하기

READER

05

출판 프로세스 STEP 16

초고 작성
글쓰기 습관

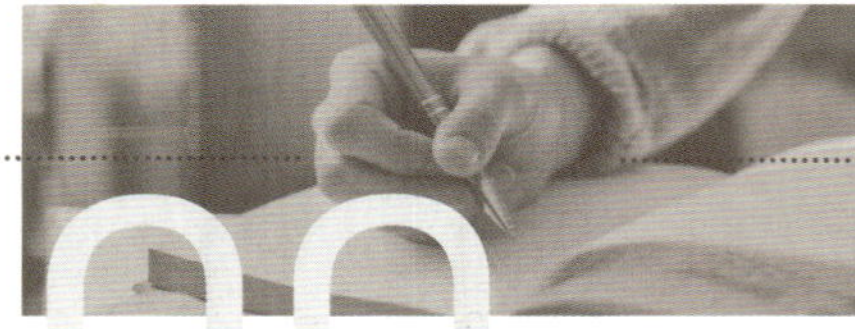

퇴고 작성
분량 확인 / 맞춤법 점검

마케팅
오프라인 - 서점 매대 관리 / 언론 활용 / 대중 매체 광고
온라인 - SNS 관리 / 온라인 서점 광고 / 라디오 및 TV 방송 활용

유통

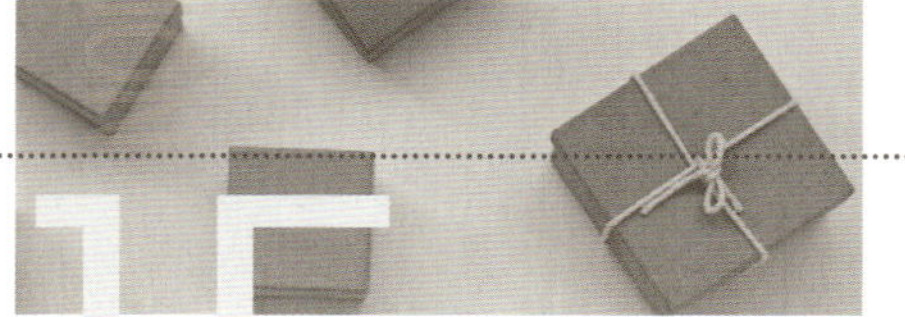

11 출판 방식 정하기

기획출판 / 자비출판 / 독립출판

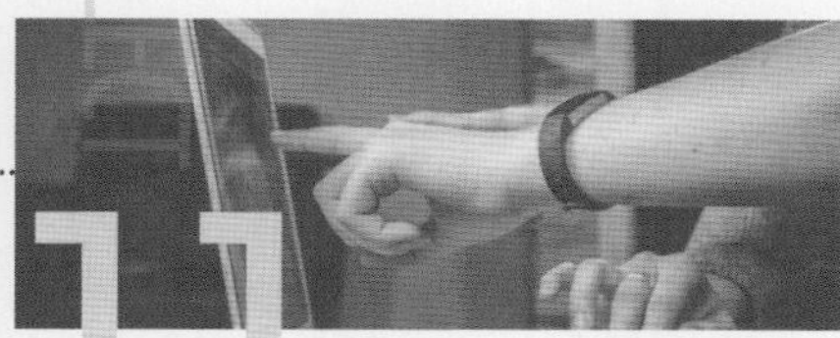

12 출판사 투고

13 출판 계약

14 출판

원고 전송 전 확인해야 할 사항

'책쓰기'는 혼자서 할 수 있지만, '출판'은 혼자 하는 작업이 아니다. 요즘에야 독립출판, 1인 출판이 늘었다지만 보다 경쟁력 있는 책을 만들기 위해서는 출판사의 전문적인 프로세스를 거치는 것이 좋다. 때문에 예비저자는 출판사와 협업관계를 맺을 수밖에 없다. 그런데 정리되지 않은 작업물을 협업관계에 있는 상대방에게 던지듯 내팽개치면 일이 잘 완성될 수 있을까? 서로 간의 배려는 일이 잘 풀릴 수 있는 원동력이다. 그렇다면 원고를 어떻게 정리해서 출판사에 전달해야 할까?

내 원고의 양이 책을 내기에 적정한가?

많은 저자들이 자신의 책이 몇 페이지 정도로 구성될지 가늠하지 못한다. 보통 원고를 A4(210mm X 297mm) 사이즈로 작성하는데, 실제 출간되는 책은 판형에 따라 맞춰지다 보니 페이지 수가 달라지기 때문이다. 그러다 보니 실제 페이지 수를 확인해 보면 내가 예상했던 페이지 수와 차이가 심해 놀라는 경우가 많다. 그런데 자신이 원하는 페이지 수에 맞추기 위해 중간에 원고를 추가하거나 삭제하게 되면? 출판사에서는 기껏 판형에 맞춰 모든 디자인을 완성해 놓았는데 다시 작업해야 하는 불상사가 발생할 수도 있다. 때문에 출판사에 발송 버튼을 누르기 전, 내 원고의 양이 어느 정도인지 파악할 필요가 있다.

원고의 양을 파악하는 방법은 의외로 간단하다. A4 페이지가 아닌 200자 원고지를 기준으로 생각하면 된다. 일반적으로 도서는 국판(148mm X 210mm)과 신국판(152mm X 225mm)으로 많이 발행된다. 때문에 이를 기준으로 하여 설명하도록 하겠다. 200자 원고지의 매수를 파악하는 방법은 예시의 사진을 참고하자.

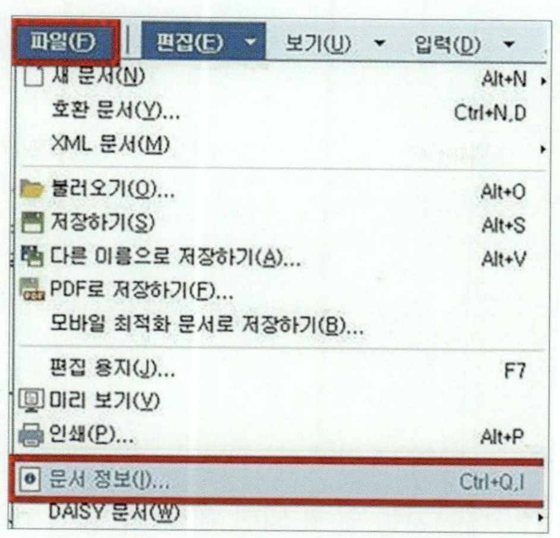

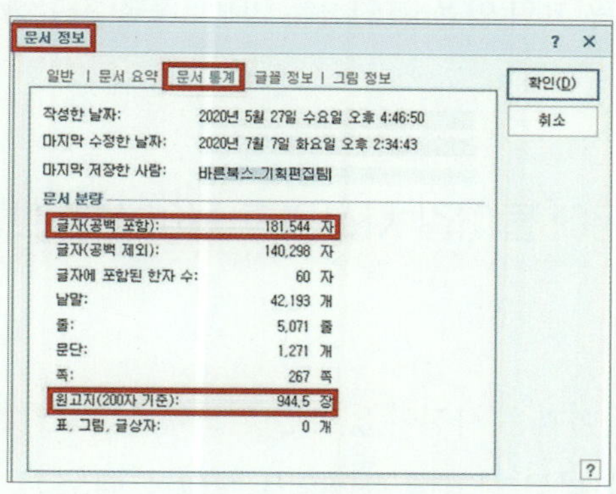

한글 파일에서 '파일'을 누르고 '문서 정보'를 선택한다. 그 뒤 문서 정보에서 '문서 통계'를 클릭하면 원고의 기준 페이지 수를 확인할 수 있다. 그렇다면 원고지를 기준으로 했을 때 실물 책은 몇 페이지 정도로 변환될까?

원고지	실물 책(국판 · 신국판 기준)
600장	220쪽
700장	240쪽
800장	260쪽
900장	280쪽
1000장	300쪽

물론 편집과 디자인 과정에서 페이지 수가 다소 변경될 수 있지만, 대략적인 페이지를 알게 되면 내 책의 양이 적정한지 파악할 수 있다. 원고의 양을 확인하는 방법, 정말 간단하지 않은가?

본문에 들어갈 사진의 화질이 선명한가?

본문에 들어가는 사진이 있다면 되도록 선명한 것이 좋다. 이미지 크기가 너무 작거나 육안으로 보았을 때도 흐릿하다면 인쇄 시 화질이 떨어질 우려가 있다. 이상적인 해상도는 적어도 300 이상이다. 언뜻 해상도가 좋아 보일지라도 본문 디자인을 PDF로 받아 보면 깨져 있는 경우가 많다. 출판 디자이너는 원고에 있는 사진 크기대로 작업하지 않는다. 글이 포함되어 있거나 강조해야 할 사진의 경우 크기를 키우기도 한다. 판형, 좌우 여백, 원고와의 조화까지 맞추어 사진 작업을 진행하기 때문에 해상도가 높은 원본 사진을 인도하는 것이 좋다. 또한, 사진을 수정하거나 작업의 효율을 위해 일러스트(Illustration) 파일을 같이 첨부하는 것도 좋은 방법이다.

만약 본문에 사진을 넣고 싶은데 좋은 해상도의 사진을 보유하고 있지 않다면, 출판사와 제휴를 맺고 있는 이미지 사이트가 없는지 확인해 보자. 바른북스의 경우 게티이미지뱅크와 제휴를 맺고 있어서 한정된 개수의 사진은 무료로 제공하고 있다. 책의 퀄리티를 높일 가장 좋은 방법은 협업이다. 이 사실을 늘 가슴에 새겨 두길 바란다.

그 시각 편집팀에서는 무슨 일이?

저자가 출판사에 원고를 넘기고 난 후, 편집팀에서는 어떤 일이 일어날까? 원고를 인도받은 편집자는 가장 먼저 원고 안에 있는 사진을 따로 정리한다. 그 이유는 한글 원고의 '판형'을 계약대로 맞추기 위해서이다. 이전 장에서 언급했듯, 원고의 양을 파악하는 것은 가장 기본적인 작업이다. 또한 교정 일정을 계획하기 위해서는 대략적인 페이지 수를 알아야 한다. 한글 원고에서 사진을 따로 정리하거나, 판형을 임시로 잡아 놓는 작업은 이후 디자인 작업을 하는 데도 도움을 준다.

저자의 원고를 다듬어 가독성을 높이고, 책이라는 소통의 장을 완성해 저자와 독자를 연결하는 것이 편집자의 역할이다. 그렇다면 편집팀은 어떤 식으로 저자의 원고를 교정할까? 이제 편집팀의 핵심적인 교정 방식 몇 가지를 알아보도록 하자! 이번 장에서의 예시는 《한국에서 버틸 용기》[24]를 참고하였다.

DAS COISAS NASCEM COISAS
Bruno Munari
LOVE STYLE LIFE
GARANCE DORÉ

복합명사, 띄어야 할까 붙여야 할까?

복합명사란, '둘 이상의 말이 결합된 명사(명사+명사)'를 의미한다. 그런데 맞춤법 규정에 따르면 복합명사는 띄어 쓰는 것을 원칙으로 하되, 붙여 쓰는 것을 허용한다는 규칙이 있다. 그래서 많은 저자들이 복합명사를 혼용하여 사용한다. 물론 일상생활에서는 크게 문제 될 것이 없지만, 지면상에서는 책의 퀄리티를 좌우하는 아주 중요한 부분이다. 같은 단어인데 어떤 곳은 띄고, 어떤 곳은 붙인다면? 만약 몇 페이지 떨어진 부분에서 이처럼 혼용된다면 문제없겠지만 몇 단락, 몇 줄을 사이에 두고 혼용됐다면 통일감이 없기에 전문성이 떨어져 보이는 것은 물론이고 가독성에도 좋지 않다. 때문에 편집자가 필수로 지키는 교정 원칙 중 하나가 바로 '복합명사의 통일'이다.

교정 전	교정 후
한국학 논문 대회와 국제 한국학 세미나는 모두 센터 실적으로만 올라가 있었다. …중략… 한국학논문대회와 국제한국학세미나 결과물을 책으로 내기 시작했다.	한국학 논문 대회와 국제 한국학 세미나는 모두 센터 실적으로만 올라가 있었다. …중략… 한국학 논문 대회와 국제 한국학 세미나 결과물을 책으로 내기 시작했다.

옆의 예를 보면, 첫 번째 줄은 '한국학 논문 대회' '국제 한국학 세미나'라고 띄어 썼지만 세 번째 줄을 보면 '한국학논문대회' '국제한국학세미나'라고 붙여 쓴 것을 확인할 수 있다. 물론 둘 다 틀린 표현이 아니지만 어떤 부분은 띄어 쓰고 어떤 부분은 붙여 쓰니 통일감이 없어 가독성이 떨어진다. 때문에 세 번째 줄을 '한국학 논문 대회' '국제 한국학 세미나'로 띄어 써 통일감을 주었다. 이 미세한 차이가 독자의 신뢰성과 가독성을 결정하기 때문에 복합명사 통일은 모든 편집자가 주의해서 작업하는 부분이다.

보조용언, 띄어야 할까 붙여야 할까?

보조용언이란, 본용언과 연결되어 그것의 뜻을 보충하는 역할을 하는 용언을 말한다. 보조동사와 보조형용사가 있는데, 중요한 것은 보조용언의 법칙이다. 보조용언도 복합명사와 마찬가지로 띄어 쓰는 것을 원칙으로 하되, 붙여 쓰는 것을 허용한다. 이 경우에도 가독성을 위해 한쪽으로 통일하는 것이 좋다.

교정 전	교정 후
그동안 내가 조직해 온 한국학 논문 대회와 국제 한국학 세미나는 모두 센터 실적으로만 올라가 있었다. 그동안 행사를 준비하며 내가 받아온 협찬은 모두 센터 협찬이었다.	그동안 내가 조직해 온 한국학 논문 대회와 국제 한국학 세미나는 모두 센터 실적으로만 올라가 있었다. 그동안 행사를 준비하며 내가 받아 온 협찬은 모두 센터 협찬이었다.

위의 예에서 '조직해 온' '받아 온'은 모두 본용언에 보조용언이 결합한 형태이다. '조직해 온'의 경우 본용언 '조직하다'에 보조용언 '오다'가 결합하였으며, '받아 온'은 본용언 '받다'에 보조용언 '오다'가 결합하였다. 다만 '조직해 온'은 본용언과 보조용언을 띄어 썼고, 네 번째 줄 '받아온'은 붙여 썼기 때문에 '받아 온'으로 수정하여 통일해 주는 것이 좋다.

영어의 표기도 통일해야 할까?

원고를 쓸 때 외래어 및 영어의 한글 표기는 '외래어 표기법'을 따라야 한다(물론 일반적으로 쓰이는 표현 방식을 참고하기도 한다). 그렇다면 영어는 어떻게 표기해야 할까? 괄호 속 영어 단어 앞 글자의 대·소문자 표시도 한 가지 방식으로 통일하는 것이 좋다.

교정 전	교정 후
아시아 프로그램이 아시아 센터로 승격 심사를 받을 때 동료 교수가 준비한 프로포절(proposal)을 보고 식겁했다. …중략… 6년 전 승진 심사에서는 SSCI급 저널(Journal)에 실린 논문 수가 모자란다는 지적이 나왔다.	아시아 프로그램이 아시아 센터로 승격 심사를 받을 때 동료 교수가 준비한 프로포절(Proposal)을 보고 식겁했다. …중략… 6년 전 승진 심사에서는 SSCI급 저널(Journal)에 실린 논문 수가 모자란다는 지적이 나왔다.

윗글에서 프로포절의 영어 표기(proposal)는 앞글자가 소문자로 되어 있는 데 반해 저널의 영어 표기(Journal)는 대문자로 되어 있다. 때문에 proposal의 앞글자를 대문자(Proposal)로 수정해 주는 것이 좋다. 단, 고유명사는 무조건 앞글자를 대문자로 표기해야 하니 참고하길 바란다.

그 시각 디자인 팀에서는 무슨 일이?

편집팀에서 교정 작업이 완료되면, 디자인팀으로 최종 원고를 인도한다. 그렇다면, 출판 디자인은 어떻게 진행되는 것일까? 디자인팀은 한글 원고를 어떻게 출판물로 완성하는 것일까? 교정 작업만큼 중요한 것이 바로 출판 디자인이다. 원고의 주제에 들어맞는 표지, 글의 가독성을 높이는 레이아웃(layout)은 출판 디자이너의 손안에서 탄생한다.

foam
Report
COMESTIBLE
Do.Pé.
Constant
MADERA
LA DIFERENCIA

표지는 첫 만남이다

표지는 예비 독자들을 끌어당기는 가장 중요한 얼굴이다. 때문에 출판 디자이너들은 표지 제작에 온 심혈을 기울인다. 장르나 제본 형식에 따라서도 디자인이 달라지겠지만, 가장 중요한 것은 원고의 주제와 분위기다. 무겁고 진지한 주제를 가지고 있다면 무게감 있고 어두운 색감으로 표지를 제작하는 것이 어울리며, 가볍고 일상적인 주제를 가지고 있다면 따뜻한 느낌의 일러스트와 함께 파스텔 톤의 색감을 선택하는 것이 좋겠다. 만약 원하는 표지의 이미지나 분위기가 있다면 망설이지 말고 출판사에 의견을 전달해야 한다. 말로 설명하기 어렵다면 시중에 나와 있는 도서 중 참고할 만한 도서를 샘플 도서로 보내는 것도 좋은 방법이다. 그것도 어렵다면 책의 주제를 포괄할 수 있는 키워드를 적어 내 생각과 함께 의견을 피력하자.

원고 파악에 더해 철저한 출판 동향 분석도 함께 이루어져야 트렌드에 맞는 표지를 만들어 낼 수 있다. 때문에 표지 제작만으로 내부 회의를 수차례 거쳐야 한다. 출판 디자이너들은 원고에 딱 맞는 표지를 찾기 위해 수많은 리서치를 진행한다. 그리고 그 과정에서 발굴하는 영감은 완성도 있는 표지의 원천이 된다.

진중한 분위기의 표지

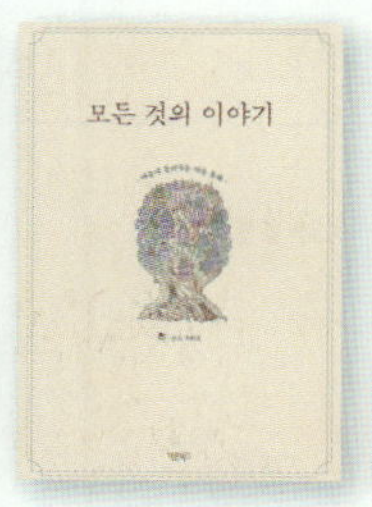

일상적인 분위기의 표지

독자에게 건네는 인사, 펼침면

표지와 문구가 정해지면 디자인팀은 펼침면을 제작한다. 펼침면은 앞표지, 앞날개, 뒷날개, 뒤표지 그리고 책등으로 구성되는데 자세한 설명은 4장 〈책을 구성하는 것들〉을 참고하자. 표지가 첫 만남이라면 펼침면은 책에 대한 간략한 정보를 줄 수 있는 첫인사다. 때문에 책에 대한 정보가 최대한 한눈에 잘 들어올 수 있도록 문구 배치에 신경 써야 한다.

〈펼침면 디자인 구성〉

뒷날개	뒤표지	책등(=세네카)	앞표지	앞날개

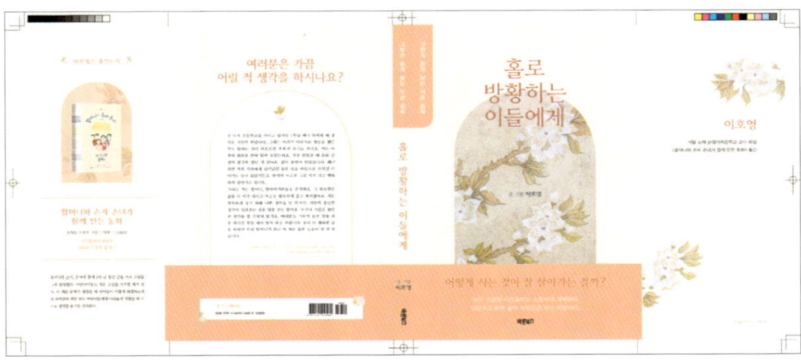

바른북스의 펼침면 구성 시안이다. 앞표지에는 확정된 시안이 들어가며 앞표지에 붙는 앞날개에는 저자 소개가 들어간다. 저자 사진은 들어가기도 하고 들어가지 않기도 한다. 저자 소개와 함께 표지를 제작한 디자이너 이름이 작게 삽입된다. 뒷날개는 기존에 출간되었던 도서를 홍보하는 공간으로 쓰이는데, 출

간될 도서와 장르가 같거나 주제, 분위기 등이 비슷한 도서를 선정하여 첨부한다. 뒤표지에는 문구와 함께 ISBN(바코드)과 책값이 표기된다. 이 바코드 표시도 책 콘셉트에 따라 다양한 디자인을 줄 수 있다. 책등에는 제목과 부제, 저자 이름 그리고 출판사 로고가 들어가게 되는데, 부제가 너무 길면 빠지기도 한다. 책등은 세네카라고도 부른다. 한마디로 출간될 책의 두께인데 책등(세네카) 계산이 정확해야 펼침면이 완전히 책을 감쌀 수 있다. 책등(세네카) 계산법은 아래와 같다.

책등(세네카) : (페이지 수×종이의 평량)/2+0.5

출판으로 향하는 최대 관문, 본문 디자인

본문 디자인도 표지 콘셉트에 따라 디자인된다. 본문 디자인은 대게 인디자인(Indesign) 프로그램을 사용하여 제작한다. 교정된 원고를 받은 디자인팀은 가장 먼저 본문의 판형을 잡는다. 그리고 원고의 가독성을 위해 위쪽, 아래쪽, 안쪽, 바깥쪽에 여백을 준다. 여백은 장르에 따라 다양하게 적용하는데, 시집의 경우 다른 장르에 비해 안쪽 여백을 더 주기도 한다. 소제목과 본문

사이의 간격을 맞추고 한 페이지에 들어갈 문장 수를 계산하며 줄 수도 맞춘다. 어떻게 여백을 주면 가장 가독성이 좋을지. 타깃 독자에 따라 글씨체와 크기는 어떻게 하면 좋을지. 사진이나 그림의 크기를 어느 정도로 해야 본문과 잘 어우러질지 모두 본문 단계에서 결정된다.

본문 디자인 중 가장 신경 써야 하는 부분은 목차와 속표제(장도비라) 부분인데, 속표제(장도비라)는 '쉬어 가는 페이지'로 주로 장제목이 들어가게 된다. 속표제(장도비라)는 한 페이지 또는 두 페이지로 구성된다. 한 페이지로 디자인할 때는 속표제(장도비라)를 오른쪽 페이지에 배치해 두는 것이 미관상 좋다.

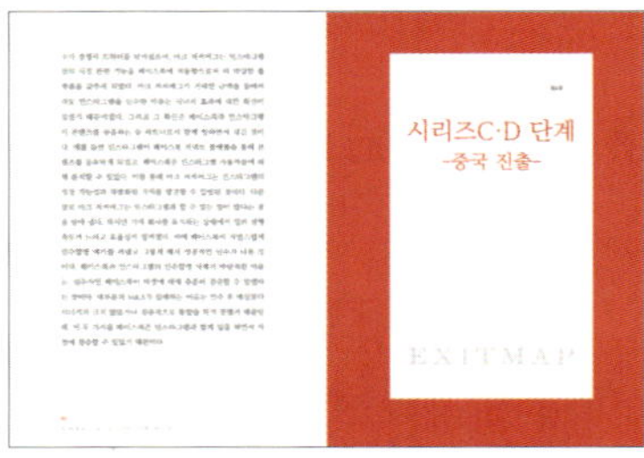

속표제(장도비라) 디자인 1P일 때

속표제(장도비라) 디자인 2P일 때

속표제(장도비라), 목차, 서문뿐만 아니라 제목, 내용, 쪽표제(하시라), 쪽번호, 각주 등도 포괄적으로 본문이라고 부른다. 본문은 아래와 같이 구성된다.

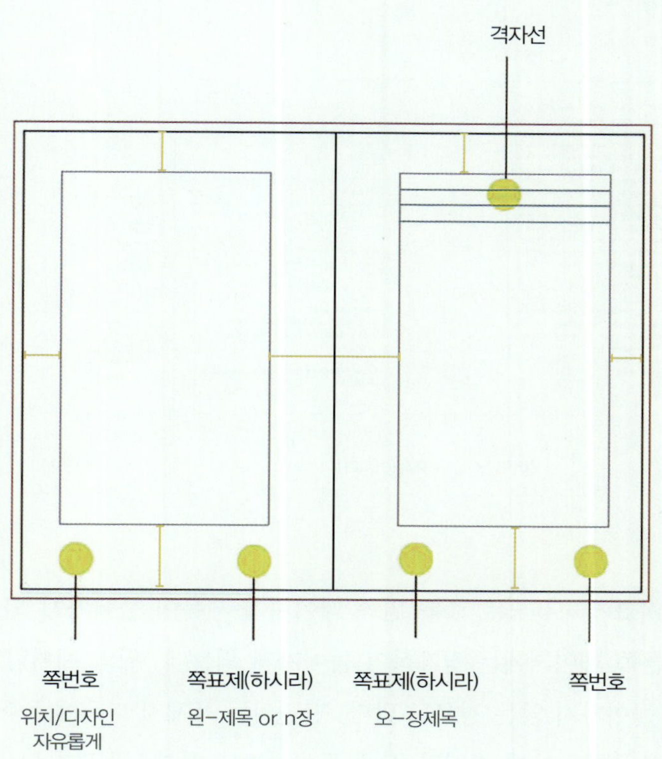

쪽번호는 원고의 특성에 따라 위치나 디자인을 변경한다. 《너의 무게》[25]라는 소설의 경우 쪽번호가 페이지 중간에 위치하기도 했다. 쪽번호가 중앙에 위치하게 되면 아래쪽의 여백을 활용하기 좋기 때문이다. 이처럼 쪽번호로도 다양한 디자인 효과를 줄 수 있다.

《너의 무게》 쪽표제(하시라)

판권지

쪽표제(하시라)는 보통 왼쪽 페이지에 제목이 들어가게 되고, 오른쪽 페이지에는 장제목이 들어가게 되는데, 위의 예처럼 아예 들어가지 않는 경우도 많다. 판권지는 표제지 다음에 들어가기도 하고, 아예 마지막 장에 들어가기도 한다. 판권지에는 책 제목, 저자명, 발행일, 담당 편집자와 담당 디자이너명, ISBN 등이 들어가게 된다. 판권지의 디자인도 출판사마다 가지각색인데, 이는 고정된 디자인이기 때문에 원고의 특성에 따라 판권지 디자인을 바꾸지는 않는다.

본문 디자인이 끝나면 수정은 인디자인(Indesign) 파일에서만 가능하다. 저자에게는 PDF 파일로 완성된 본문을 발송하기 때문에 이때부터는 한글 원고가 아닌 한글 정오표를 이용하여 수정한다. 원고나 사진을 삭제·추가하는 것은 페이지가 밀려서 수정이 불가능하지만 오탈자 등은 얼마든지 수정 가능하다.

• 궁금한 것이 남았다면, •

Q&A

Q.

내 원고는 어떤 판형으로 제작하는 게 좋을까?

A.

판형은 출판 목적, 출판물의 성격, 대상 독자, 독자의 독서 취향 등을 종합적으로 반영하여 결정해야 한다. 인쇄에 사용하는 종이의 크기는 크게 'A전지(국전지)'와 'B전지(46전지)'로 나눌 수 있는데, 이것을 몇 등분 해서 자르는가에 따라 명칭이 달라진다.

가장 대중적으로 많이 쓰는 판형은
국판(148mm X 210mm)과
신국판(152mm X 225mm) 크기이다.

판형	명칭	크기(mm)	분야	비고
A6	국반판	106 × 148	문고판	
B6	46판	128 × 188	시, 에세이	
비규격	다찌판	128 × 210	시	
A5	국판	148 × 210	소설, 시, 수필	일반적
	국판변형	136 × 200	소설, 시, 수필	
신A5	신국판	152 × 225	경제경영, 전문서적, 자서전	
	신국판변형	152 × 205	경제경영, 전문서적, 자서전	
18절판	크라운판	170 × 245	교재, 실용서, 사진집	
B5	46배판	182 × 257	교재, 전문서적, 실용서	
A4	국배판	210 × 297	교재, 전문서적, 실용서, 여성지	
B4	타블로이드	254 × 374	주간 신문	

Q.

어떤 용지를 사용해야 할까?

A.

단순히 얇고 두꺼운 차이가 아니라 실제 용지의 종류는 굉장히 다양하다. 일반적으로는 모조지 계열의 용지가 내지로 많이 쓰인다. 하지만 책의 특성이나 디자인 등 여러 가지 상황을 고려하여 용지를 결정하는 것이 중요하다. 표지에 많이 사용하는 종이는 250g 아트지, 250g 스노우화이트, 210g 아르떼 등이 있다. 본문 내지는 100g 미색모조, 80g 이라이트, 100g 스노우화이트를 많이 사용한다.

❙ 표지

250g 아트지

250g 스노우화이트

210g 아르떼

❙ 내지

100g 미색모조

80g 이라이트

100g 스노우화이트

내지 선택 기준을 정리한다면 다음과 같다.

- ✓ 미색모조 or 이라이트 : 글 위주인 도서
- ✓ 스노우화이트 : 사진 위주인 도서
  (ex. 사진이 많은 자서전, 취미·실용서, 여행기 등)

원고량이 적을 때는 이라이트 재질의 용지를 사용한다. 이라이트 용지는 미색모조지에 비하면 종이 결이 다소 거칠게 느껴지지만, 상대적으로 두껍기 때문에 책 두께가 두꺼워 보이는 장점이 있으며 같은 페이지라도 미색모조지에 비해 가벼워 휴대성이 좋다.

Q.

인쇄 색도는 어떻게 정하면 좋을까?

A.

내 책은 흑백으로 제작해야 할까? 컬러로 제작해야 할까? CMYK는 인쇄 시스템에서 사용되는 책 표시 모델이다. CMYK에서 C(cyan)는 원청색, M(ma-genta)는 원적색, Y(yellow)는 황색, K(black)는 먹색이다. 이 네 가지 색을 사용하면 어떤 색이든 구현할 수 있다. 오프셋 인쇄는 이 CMYK에 해당하는 잉크 색깔을 차례대로 덧찍어서 여러 가지 색상을 구현한다.

1도	2도	4도
K(먹색)	K(먹색)+C(원청색) K(먹색)+M(원적색) K(먹색)+Y(황색)	컬러

오프셋 인쇄를 하게 되면 1도, 2도, 4도 중 하나를 선택해야 한다. 1도 인쇄는 한 가지 색으로 인쇄하는 걸 말한다. 대체로 K(먹색) 인쇄가 많다. 2도 인쇄는 두 가지 색이 섞인 것을 말한다. 보통 K(먹색)에 어떤 색 하나가 섞인 형태이다. 먹과 특정 색 하나를 섞어 농도 조절을 하여 디자인하는 식이다. 4도 인쇄가 흔히 생각되는 컬러 인쇄이다.

보통 일반 단행본은 2도를 가장 많이 사용한다. 흑백으로 된 1도 인쇄 도서는 아무래도 너무 단조로워 보이기 때문이다. 여행기 등의 사진이 많이 들어가는 도서들은 4도를 선택하는 경우가 많은데, 색을 추가하게 되면 그만큼 제작 사양이 올라가기 때문에 비용이 늘어난다.

Q.

후가공의 종류에는 어떤 것이 있을까?

A.

표지에 입히는 후가공은 시각적인 효과를 극대화하여 도서의 분위기와 개성을 한껏 드러낸다. 보통 무광코팅과 유광코팅 중에서 선택하지만, 도서의 장르나 분위기에 따라 에폭시나 박, 형압을 입히기도 한다.

❙ 코팅

코팅은 표면에 OPP필름을 붙여 표지에 광택을 내는 방법이다. 주로 변색 방지, 방습 등 오염을 막기 위해 사용된다. 대표적으로 무광 라미네이팅(무광코팅)과 유광 라미네이팅(유광코팅)으로 나누어 볼 수 있다.

• 무광코팅 : 빛이 반사되지 않아 코팅 여부를 육안으로 확인하기는 어렵지만, 부드럽고 무게감이 있어 고급스러운 느낌이 있다. 출판물에 가장 많이 사용되고 있는 방법이다.

• 유광코팅 : 표지를 광택이 있는 얇은 막으로 코팅한 것으로 빛을 반사해 반짝거리는 효과가 있다. 가볍고 산뜻한 느낌을 주며, 무엇보다 쨍한 색감을 표현하는 데 적합하다.

▲ 무광코팅

▲ 유광코팅

에폭시

특정한 곳에만 약품을 묻혀 유광코팅하는 방식이다. 에폭시 처리를 하면 볼록 튀어나오면서 반짝이는 효과를 준다. 입체감을 느낄 수 있기에 책의 제목 등 표지에서 강조하고 싶은 부분에 사용한다.

박

박은 금색, 은색, 녹색, 적색, 홀로그램 등 다양한 색박을 부착하는 방식이다. 동판에 열과 압력을 가해 박 기계로 한 장씩 작업한다. 강조하고 싶은 부분이나 로고 등에 사용하여 고급스러운 효과를 낼 수 있다.

형압

형압은 종이를 눌러 입체적인 효과를 주는 방식이다. 종이를 위로 눌러 돌출되도록 하는 엠보형압과 종이를 밑으로 눌러 안으로 들어가게 하는 디보형압이 있다. 코팅이나 박보다 고급스럽고 진중한 느낌을 줄 수 있다.

▎띠지

띠지는 책 표지의 하단을 둘러싼 가늘고 긴 종이를 말한다. 표지에 다 싣지 못한 광고 문구나 부연 설명을 넣을 때 사용된다. 경제경영 등의 전문서적일 경우 저자 프로필 사진을 첨부해 저자에 대한 신뢰성을 높이기도 한다.

▎자켓

양장본에 사용되는 자켓은 책 표지의 일부 혹은 전체를 감싸는 종이를 말한다. 띠지와 비슷한 기능을 하는데, 실제 표지와 약간 다른 디자인적 요소를 가미함으로써 색다른 느낌을 주고 싶을 때 사용된다.

Q.

제본 방식의 종류에는 어떤 것이 있을까?

A.

낱장으로 되어 있는 원고나 인쇄물을 실이나 철사, 본드 등으로 엮어 한 권의 책으로 만드는 것을 제본이라고 한다. 제본의 종류는 크게 다섯 가지로 나누어 설명할 수 있다.

❙ 무선 제본

가장 일반적인 단행본 제본 방식이다. 종이를 4의 배수에 맞게 엮은 후 책등 쪽에 칼질을 내서 강력한 접착제로 굳히고 표지를 입힌 후에 내지와 표지를 다듬고 재단한다. 단가가 저렴하고 단기간에 작업할 수 있어 대부분의 단행본뿐만 아니라 자료집, 보고서 등에 널리 사용되고 있다.

❙ 양장 제본

표지를 합지(하드커버)로 만드는 방식이다. 무선 제본의 칼집이 들어간 곳을 실로 꿰매고 두꺼운 합지나 가죽류 등을 붙인다. 책장이 완전히 펴지고 내구성이 뛰어나 장기간 보관할 수 있다. 주로 사서류 등 고급 제책에서 사용된다.

❙ 누드 제본

양장 제본처럼 종이를 실로 엮는 방식이다. 특히 누드 제본은 책등 부분을 노출하는 방식으로 책등에 표지를 덧대지 않아 펼침성이 더 좋을 뿐만 아니라 내지가 그대로 보여 독특한 느낌을 준다. 실로 엮은 후 책등에 풀을 얇게 발라 종이 사이가 떨어질 염려는 없다.

❙ PUR 제본

폴리우레탄을 접착제로 사용하는 제본이다. 유연성이 양장 제본보다 훨씬 더 뛰어나므로 책을 180도 이상 펼쳐도 망가지지 않는다. 따라서 중간이 아닌 맨 앞이나 뒷부분을 펴도 고정되는 장점이 있다.

❙ 중철 제본

중철 제본은 내지를 4쪽씩 겹친 후 중심 부분에 스테이플러를 박아 엮는 방식이다. 모조지 기준으로 40쪽까지 가능하기 때문에 광고지나 팸플릿, 주간 잡지 등 쪽수가 많지 않으면서 가볍게 읽을 수 있는 책을 만들 때 주로 사용하는 방법이다.

Q. A.

인쇄 방식에도 종류가 다양하다고?

당연히 인쇄 방식에도 여러 가지 종류가 있다.

	오프셋(옵셋)	마스터	POD
선명도	높음	낮음	낮음
인쇄 도수	4도	1도	1도
적합 부수	300부 이상	300부 미만	100부 이하

가장 대표적인 인쇄 방식에는 오프셋, 마스터, POD 인쇄가 있다. 일반적으로 서점에서 볼 수 있는 대부분의 책은 '오프셋 인쇄'로 만들어진다.

오프셋 인쇄(옵셋 인쇄)는 평판 인쇄다. 판면에서 잉크 화상을 고무 블랭킷에 전사하고, 다시 종이에 인쇄하는 방법이다. 세 가지의 인쇄 방식 중 가장 선명한 인쇄 방식이다. 세밀한 부분까지 깔끔하게 찍을 수 있어 퀄리티가 굉장히 높다. 때문에 300부 이상의 출판 부수를 발행하거나 컬러(4도 이상 또는 정교한 인쇄물) 인쇄를 찍을 경우에 많이 사용된다. 부수가 많을수록 비용이 저렴해진다. 서점에 유통 중인 95% 이상의 도서가 오프셋 인쇄로 진행되고 있다. 또한, 제본 및 인쇄의 우수성이 높기에 유통용 책은 반드시 오프셋 인쇄로 진행해야 한다. 간혹 기계 보유를 주장하며 신뢰를 얻으려는 출판사가 있는데, 오프셋 인쇄를 진행하여 유통하는지 꼭 체크해 보길 바란다.

마스터 인쇄는 특수 재질의 종이 인쇄판을 사용해 인쇄하는 방법이다. 발행 부수 300부 이하 흑백 인쇄에 용이하다. 흑백을 잘 표현하지만, 회색은 잘 표현하지 못한다는 단점이 있다. 마스터 인쇄는 오프셋 인쇄보다 선명하지 못하고 다소 뭉개진 듯한 품질을 보인다. 하지만 흑백으로만 이루어진 인쇄물에서는 품질이 그다지 나쁘지 않다. 거기에 소량 인쇄 시에는 오프셋 인쇄보다 저렴하다. 때문에 300부 미만의 소장용 출판물을 제작하고자 한다면 마스터 인쇄를 추천한다.

POD(Public On Demand) 인쇄는 주문을 하면 책을 만드는 방식이다. 주문이 들어오는 대로 제작을 하기 때문에 책을 받아 보기까지 4~10일 정도가 소요된다. 또한, 소량의 재고만 보유하고 있거나 재고가 없을 수도 있기에 주의하는 것이 좋다.

요약하자면, 오프셋 인쇄는 퀄리티가 좋고 컬러 인쇄가 가능하지만, 대량 제작(적어도 300부 이상)일 때 효율적이다. 이에 반해 마스터 인쇄는 퀄리티는 좀 떨어지지만, 흑백 인쇄에 적합하고 소량 인쇄(300부 미만)에 유리하다. POD 인쇄는 컬러 인쇄가 가능하고 퀄리티도 좋지만 1부 단가가 높기 때문에 소량 5부 이하를 인쇄할 때 유리하다. 또한, 배송되는 데 오랜 시간이 걸린다는 단점이 있다.

인쇄 방식마다 장단점이 있기 때문에 꼼꼼하게 따져 자신에게 맞는 인쇄 방식을 선택하여야 한다. 간단하게 정리하면 다음과 같다.

✓ 서점 유통 도서 : 오프셋 인쇄(옵셋 인쇄)
✓ 소장용 도서 : 마스터 인쇄 or POD 인쇄

위와 같이 정리되며 출판사 선택 시 반드시 오프셋 인쇄를 하는지 꼭 확인하기 바란다.

Q.

직업에 대한 제한이 있을까?

A.

"특별한 직업, 특별한 이야기가 있어야만 책을 낼 수 있지 않나요?" 많은 예비 저자들이 이와 같은 질문을 한다. 여기에서 '특별한'이란 '대중적이지 않은 것, 이전에 보지 못한 것'을 의미한다. 물론 《죽은 자의 집 청소》[26]와 같이 대중적이지 않은 직업에 관한 이야기로 독자들의 시선을 끄는 도서들도 있다. 하지만, 특별한 직업, 특별한 이야기를 가진 사람만이 책을 내는 것은 아니다. 중요한 것은 내 이야기를 '특별하게 만드는 것'이다.

나는 평범한 회사원이고, 남들과 똑같은 일상을 살아가는데 어떻게 내 이야기를 특별하게 만들지? 평범하다고 생각했던 당신의 일상은 사실 어떻게 받아들이느냐에 따라 전혀 새로운 것으로 달라지기도 한다. 당신의 일상을 큰 틀로 보지 말고 좀 더 세분화해서 바라보라. 출근하는 길의 풍경, 만났던 사람, 같이 나누었던 이야기, 그때 느꼈던 감정……. 모든 것이 이야기가 된다.

예를 들면, 첫 출근 날을 떠올리며 신입사원 일대기를 써 보는 것은 어떨까? 출근 전날 어떤 준비를 해야 하는지, 아침에 어떤 마음으로 일어났는지, 어떤 물건을 챙겨 가야 하는지, 처음 만난 직장 동료들을 어떻게 대해야 하는지. 신입사원을 위한 가이드 한 권을 만들어 낼 수 있다. 내 취미를 이야기의 소재로 삼아 보는 것도 좋은 방법이다. 예를 들어, 하루의 피곤을 음악으로 날려 버린다면 '사회생활에 지친 직장인을 위한 힐링 음악 리스트'처럼 자신과 비슷한 공감대를 가진 사람들을 타깃으로 하여 한 권의 책을 낼 수 있다.

《아파트 투자 입문》[27]은 평범한 직장인이었던 저자가 부동산 투자를 통해 강남 아파트 입성에 성공한 경험을 바탕으로 저술한 책이다. 저자가 평범한 직장인이었기 때문에 어려운 이론보다는 '출퇴근 시간을 이용해 투자 자료를 모으는 방법' 등 바로 이용할 수 있는 현실적인 노하우로 구성되어 있다. 이와 같은 경우 평범함에서 시작했기 때문에 오히려 비슷한 처지에 있는 '대중'의 공감을 얻을 수 있다는 장점도 있다. 이처럼 자신의 평범한 일상을 새로운 시각을 이용해 특별한 이야기로 바꾸는 것이 중요하다. 자신이 어떤 일을 하든지 전하고자 하는 메시지만 있다면 이야기를 만들어 책으로 펴낼 수 있다.

Q.

청소년도 출판할 수 있을까?

A.

당연히 청소년도 출판할 수 있다. 출판에는 나이 제한이 없다. 때로는 청소년 작가라는 사실만으로 세간의 주목을 받기도 한다. 2012년 당시 15세 소녀가 《체리새먼》[28]이라는 동화책을 펴냈다. 이후에도 5권의 동화책을 출간했고 그중 3권은 영어로 직접 번역하여 출간되었다. 서울이라는 예명으로 동화 작가가 된 10대 소녀의 책은 효성, 다문화 가정, 차별 등 이야기의 주제와 교훈이 다양하고 분명하다.

선생님이 학생들의 글을 엮어 한 권의 책으로 출간하는 방법도 있다. 중앙대부속고등학교 학생들이 집필한 《첫발, 내딛다》[29]도 학생들의 동아리 활동을 통해 탄생하였다. 우주, 역사, 노동, 차별, 혐오, 사회역학까지 다양한 주제를 다루며 세상을 날카롭게 분석한다. 여러 학생들의 사유가 담겨 있기 때문에 폭넓은 주제를 다방면의 시각으로 생각하게 하는 깊이 있는 도서다.

부모님이 대신 출판계약을 진행해 책을 출간하는 경우도 많다. 시집 《살아갈 이유, 사랑할 이유》[30], 《글자국들》[31]의 저자도 청소년이다. 작가 아림은 '우울'이라는 감정을 피하지 않고 받아들임으로써 도리어 삶의 의미를 세상에 되묻는다. 그리고 2020년 발간한 《글자국들》에서는 자신의 우울을 벗고 행복을 이야기하며 시상을 확장시켰다. 시를 통해 끊임없이 세상과 소통하는 저자는 이미 어엿한 시인으로 발돋움했다.

이처럼 출판계에서는 청소년 작가들의 활약도 대단하다. 전하고 싶은 이야기와 메시지가 있다면 나이에 상관없이 도전할 수 있으니 망설이지 말고 원고를 투고해 보길 바란다.

책은 작가와 출판사가 협업하여 만들어지는 결과물이다. 결코, 작가 혼자만의 일이 아니니 마음을 가볍게 하고 집필에 매진하자. 작가와 출판사 모두 '좋은 책을 만들어 많은 독자가 볼 수 있게 만들자'라는 똑같은 마음으로 출간에 힘쓰고 있다. 그러니 서로가 존중하고 의지하며 책을 만들어 가는 과정이 중요하다는 점을 기억해야 한다.

청소년 출판을 더 알고 싶다면?

▶ 더 많은 정보 알아보기

미주

1 이지성, 《꿈꾸는 다락방》 (차이정원, 2017)
2 임홍택, 《90년생이 온다》 (웨일북(whalebooks), 2018)
3 김수현, 《애쓰지 않고 편안하게》 (놀(다산북스), 2020)
4 문유석, 《미스 함무라비》 (문학동네, 2016)
5 강원국, 《대통령의 글쓰기》 (메디치미디어, 2017)
6 강원국, 《강원국의 글쓰기》 (메디치미디어, 2018)
7 김난도, 《아프니까 청춘이다》 (쌤앤파커스, 2010)
8 바보아저씨, 《바보아저씨의 경제 이야기》 (바른북스, 2018)
9 표준국어대사전
10 서리빈 · 성상현, 《스타트업 펀드레이징 전략 – 투자받는 기업의 조건》 (바른북스, 2019)
11 론 폴, 《우리는 왜 매번 경제위기를 겪어야 하는가?》 (바른북스, 2019)
12 이재현, 《본질은 조직문화다》 (바른북스, 2019)
13 EBS · 펭수, 《오늘도 펭수 내일도 펭수》 (놀, 2019)
14 백영옥, 《빨강머리 앤이 하는 말》 (arte, 2016)
15 김신회, 《보노보노처럼 살다니 다행이야》 (놀, 2017)
16 곰돌이 푸(원작), 《곰돌이 푸, 행복한 일은 매일 있어》 (알에이치코리아, 2018)
17 이재현, 《본질은 조직문화다》 (바른북스, 2019)
18 이재현, 《본질은 조직문화다》 (바른북스, 2019)
19 구본영, 공약 베끼기 허실, 〈서울신문〉, 2012.2.14.,
http://www.seoul.co.kr/news/newsView.php?id=20120214031008
20 이기주, 《언어의 온도》 (말글터, 2016)
21 이기주, 《말의 품격》 (황소북스, 2017)
22 하현, 《달의 조각》 (빌리버튼, 2018)
23 이미예, 《달러구트 꿈 백화점》 (팩토리나인, 2020)
24 민원정, 《한국에서 버틸 용기》 (바른북스, 2020)
25 김도운, 《너의 무게》 (바른북스, 2020)
26 김완, 《죽은 자의 집 청소》 (김영사, 2020)
27 옆집 아저씨, 《아파트 투자 입문》 (바른북스, 2020)
28 서울, 《체리새먼》 (산소먹은책, 2012)
29 중앙대부속고등학교 학생들, 《첫발, 내딛다》 (바른북스, 2020)
30 아림, 《살아갈 이유, 사랑할 이유》 (바른북스, 2019)
31 아림, 《글자국들》 (바른북스, 2020)

– 이승훈, 《편집자 작가를 위한 출판저작권 첫걸음》 (북스페이스, 2016)
– 김기태, 《출판실무와 저작권》 (화산미디어, 2019)